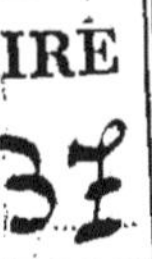

# MANUEL
DU
# MARCHAND DE TABLEAUX

PAR

IVAN GOLOVINE

AUTEUR DE « *Des Peintres et de la Peinture,* » ETC.

> Respectons ces héros que le génie enflamme :
> Qui sait si Dieu n'est pas dans un coin de leur âme?
>
> LÉOPOLD LABREYE. (*L'Idéal.*)

PARIS
E. DENTU, ÉDITEUR
LIBRAIRE DE LA SOCIÉTÉ DES GENS DE LETTRES
PALAIS-ROYAL, 15 ET 17, GALERIE D'ORLÉANS

# MANUEL

DU

# MARCHAND DE TABLEAUX

# MANUEL

DU

# MARCHAND DE TABLEAUX

PAR

IVAN GOLOVINE

AUTEUR DE « *Des Peintres et de la Peinture*, » ETC.



> Respectons ces héros que le génie enflamme :
> Qui sait si Dieu n'est pas dans un coin de leur âme?
>
> LÉOPOLD LABREYÉ. (*L'Idéal.*)

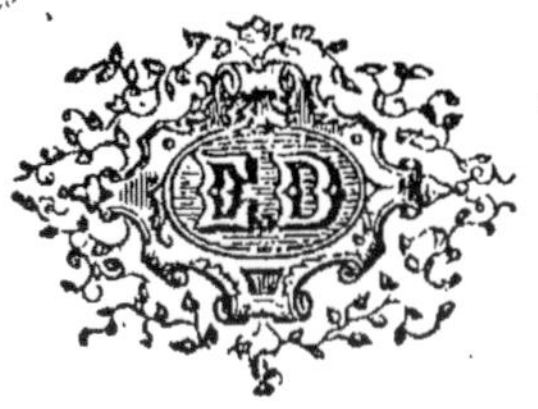

PARIS

E. DENTU, ÉDITEUR

LIBRAIRE DE LA SOCIÉTÉ DES GENS DE LETTRES

PALAIS-ROYAL, 13 ET 17, GALERIE D'ORLÉANS

1862

# AVERTISSEMENT

Le *Dictionnaire des peintres*, d'Adolphe Siret, épuisé et en voie de réédition, laisse beaucoup à désirer sous le rapport des détails biographiques, mais il est précieux quant aux prix des ventes. Les chiffres étant plus éloquents que les paroles, vous pouvez juger de la valeur des peintres d'après les prix dont on a payé leurs œuvres en temps divers. Vous verrez que 60,000 fr. sont un prix fabuleux pour Jean Bellini, dont le meilleur tableau n'a pas atteint 5,000 fr. Albani, au contraire, n'a jamais été inférieur à 1,000 fr. (la vente Grammont exceptée, dont il n'est pas question, et qui du reste ne peut pas servir de règle). Le Guerchin, tant décrié, n'est jamais tombé au-dessous de 250 fr. (la vente du prince Komnen exceptée, dont l'expert a été M. Dhios). Van Blœmen (Pierre Standaert) a fait 75 fr. il y a cent ans : donc il devrait faire 600 fr. aujourd'hui.

Un manuel doit renfermer toutes les connaissances utiles à une industrie donnée, et le manuel d'un marchand de tableaux devrait être très-volumineux, car ce qu'il lui faut pour faire de bonnes affaires, ce sont des connaissances, encore une fois des connaissances et pour la troisième fois des connaissances. Mais si la matière est inépuisable, elle ne doit pas être inabordable pour un homme d'une instruction ordinaire.

Tous les genres sont bons, hors le genre ennuyeux.

Et nous avons cherché à rendre notre sujet attrayant pour le rendre populaire. C'est un essai qui ne manquera pas d'en provoquer de meilleurs.

---

# TABLE DES MATIÈRES

# LA LITTÉRATURE DE LA PEINTURE

A M. CH. B.

Monsieur,

J'aime les voyages au coin de mon feu, c'est-à-dire un livre à la main, car par eux-mêmes les voyages, et surtout les voyages d'instruction, sont un travail, et non pas un plaisir; la littérature éclaire la peinture, et une saine critique la dirige. Les peintres eux-mêmes ont eu recours à la plume pour expliquer leur pensée. Il est vrai que Larisse ne fit un cours que quand il eut perdu la vue; mais Blœmaert a fait plusieurs volumes sur le dessin.

Annibal Caracci disait dans un moment d'enthousiasme : Les poëtes peignent avec la plume, et les peintres chantent avec leur pinceau. Un auteur qui écrit bien fait de sa plume un pinceau, et ses repentirs s'appellent des ratures.

Un peintre doit avoir beaucoup d'érudition. Un peintre d'histoire doit savoir l'histoire sacrée et l'histoire politique ou militaire. Il doit connaître la géographie et même la topographie des localités qu'il retrace, les usages et les costumes du temps qu'il représente. Rembrandt faisait fausse route en couvrant les Juifs de costumes espagnols et les Européens de costumes orientaux; Paul Cagliari commettait des anachronismes en représentant des Grecs ou des Juifs en costume vénitien ; mais il y a des licences permises aux peintres, comme aux poëtes; la confusion des lieux et des temps est de ce nombre. La critique n'est pas aussi aisée qu'on le croit. L'écrivain qui parle de peinture doit savoir distinguer un pastiche d'un pastel et une gouache d'un dessin à un seul crayon. Il doit avoir une idée juste de la perspective, de la composition et de l'anatomie — Cette écritoire est bien faite, remarque un auteur en parlant d'un tableau. Ce pot est bien peint, dit-il en jugeant d'un autre. Cela est vrai, mais il y a des choses plus essentielles qui ne sont pas moins bien reproduites. — Les doigts, continue-t-il, ressemblent à des saucissons. — Et à quoi voulez-vous qu'ils ressemblent? Pas à des chapeaux de paille, assurément? Il faut avoir l'esprit drôlement fait pour trouver de telles comparaisons. Toutes les têtes ressemblent à des boules, et toutes les bouches à des trous. Et en voilà un autre qui ne veut pas qu'il y ait dans un tableau un nombre impair de personnages, parce que tout est pair dans la nature, en commençant par l'homme lui-même, dont le corps est pour ainsi dire collé de deux parties : deux oreilles, deux yeux, deux bras, deux jambes... C'est ainsi qu'on tombe dans l'absurde.

Aucune animosité ne doit animer les peintres et les auteurs sur la peinture, et les premiers ont tort de saluer les derniers et de rechercher leurs bonnes grâces. L'art doit être indépendant, et la bave qui voudrait atteindre un peintre de renom retomberait sur le scribe qui abuserait de sa plume. Artistes et auteurs se doivent aide et appui : ils servent les mêmes dieux et luttent contre des ennemis communs. Leur vie est semée d'angoisses et de péripéties semblables, et s'il y a des princes, des satrapes et des sybarites dans les lettres comme dans les arts, le nombre de ceux qui gagnent péniblement leur pain est plus grand. Le mérite a de la peine à percer, et quand même il le fait, il suscite parfois tant de jalousies contre lui qu'elles finissent par le démolir.

La critique par trop bienveillante endort les arts : les plus grands ennemis des peintres comme des auteurs sont leurs flatteurs. M. Viardot dit bien qu'on doit la vérité aux morts et des égards aux vivants, mais c'est un principe plus commode que juste. Si l'on craint de se faire des ennemis, on devrait ne jamais se mêler d'être publiciste : quiconque est chargé de l'éducation des autres trahit sa mission en leur cachant la vérité.

La mission d'un écrivain sur la peinture consiste surtout à éclairer le goût du public. Cela fait frémir, que d'entendre derrière soi les raisonnements de ceux qui visitent les expositions ou les musées. Ce n'est pas aux tableaux anciens qu'il faut appliquer les exigences du goût moderne, et c'est la nature qu'il faut prendre en toute chose pour modèle. L'art est la nature embellie, mais la coignée ne fait pas toujours gagner à une forêt, et un paysage trop clair n'est pas ce qu'il y a de plus beau. « Le Brésil, me disait un diplomate, c'est une boutique de naturaliste. » Mais les forêts vierges sont dignes d'un pinceau de maître : un arbre au Brésil est toute une forêt, car chacune de ses branches est de l'épaisseur d'un arbre et il y vit tout un monde de perroquets et de singes. Les fruits de l'Europe n'y réussissent pas, parce que la végétation est trop exubérante et ne leur donne pas le temps de se développer, un germe en détruisant un autre. Le peintre fera bien de s'en tenir à la réalité, de ne pas éclaircir ces arbres et de ne pas les dépeupler.

La Russie est encore un pays sur lequel auteurs et peintres étrangers commettent une quantité de bévues. J'ai vu un tableau représentant Pierre Ier en costume suédois, et récemment un journal illustré représentait la réception de l'empereur Alexandre II à Riga, en dessinant une quantité de *mougiks* russes, auxquels les Livoniens, qui ne portent pas de barbe, ne ressemblent guère.

Vous avez été appelé plus d'une fois à vous prononcer sur l'authenticité des tableaux anciens, et vous avez prouvé que les auteurs s'y entendent aussi. Les directeurs de musées qui ne doivent leur place qu'à la faveur s'y entendent bien moins. Ainsi, un officier russe d'origine polonaise affectait de se connaître en peinture et visitait l'Ermitage avec une assiduité qui fut remarquée par l'empereur, qui le nomma directeur. Depuis, aucun tableau n'y entre sans lui, et plus d'un autre entre chez lui *gratis pro Deo*.

---

# LES COLLECTIONNEURS

A M. J. R.

Monsieur,

Je me suis réfugié dans le pays des arts, et j'y trouve un asile cosmopolite qui nourrit l'esprit, l'imagination, et, avec un peu de savoir, le corps lui-même. C'est un peu, il est vrai, à qui sera le plus fin et à qui écorchera mieux; mais n'est-ce pas ainsi dans le reste du monde et dans toutes les affaires? Les petits mangent les grands, les pots de fer cassent les pots d'argile. Je suis une bête de dévouement, d'affection; mais qui donc a des élans de cœur, de la reconnaissance?

Un frère laisse mourir une sœur de faim, et les araignées attrapent des mouches; les hommes, des héritières, etc...

La tableaumanie est une manie comme une autre; elle coûte plus qu'elle ne rapporte, à moins qu'on n'en fasse un métier plus qu'une passion et qu'on ne considère le goût des autres plus que le sien.

Tous les peintres n'ont pas toujours fait de belles choses. Guido Reni a été plus égal que le Dominiquin, dont quelques tableaux sont seulement médiocres. Il y a des Boucher plus ou moins beaux; les Saint-Nicolas de Watteau ou ses dessus de portes représentant le dos d'un laquais ne valent pas ses autres tableaux. Il y a des Vallin qui ne donnent pas une idée juste de ce maître, des Raffé qui sont presque des croûtes. Les Bergerets de sa vieillesse ne valent pas les tableaux qu'il a faits dans son âge mûr. Il y a des études de Géricault et de Th. Rousseau qui ne supportent guère la comparaison avec leurs autres tableaux. Presque tous les peintres renient les œuvres de leur jeunesse ; beaucoup d'entre eux ont plusieurs manières. La première manière de Luini était plus dure que sa seconde manière ; mais la première manière de Rembrandt vaut peut-être mieux que « son grand parti pris ». Van Dyck ne faisait pas aussi bien avant d'avoir été en Italie qu'après en être revenu. Il ne suffit donc pas qu'un tableau soit d'un maître pour valoir ce que valent ses œuvres en général. Malgré cela, le difficile est de faire reconnaître un tableau, parce que la vérité ne saute pas aux yeux de tout le monde ; tout le monde n'a pas le coup d'œil juste, quoique la première impression soit généralement la meilleure. Il y a des experts pour rire, des experts charivariques, qui feraient mieux de faire le mouchoir dans la rue que de compromettre les intérêts de leurs clients. S'ils perdent leur réputation en vendant des croûtes pour des chefs-d'œuvre, ils la perdent aussi en faisant passer des tableaux vrais pour des tableaux équivoques. Tous les Maratti, par exemple, ne sont pas beaux, mais ne sont pas faux pour cela, et Salvator Rosa doit sa défaveur à l'opinion publique plus qu'à la contrefaçon. La généralité des collectionneurs perdent, grâce aux faux frais. Tantôt ils payent des restaurations trop cher, en ne distinguant pas quel tableau doit être confié à un restaurateur médiocre ou cher; tantôt ce sont des cadres qui n'ajoutent que fort peu à la valeur des tableaux, qui se vendraient aussi bien sans cadres. Ici ce sont des accidents qui arrivent aux tableaux : l'un d'eux se décroche, tombe et se troue; un autre est écorché par un porteur maladroit. Il faut accrocher soigneusement les tableaux à des clous qui ne se défassent pas, plutôt par une corde ou à deux clous au lieu d'un seul. Les frais de transport, d'emballage, d'expédition, d'assurance, doivent aussi entrer en ligne de compte, car quiconque ne compte pas les francs perd les louis.

On met de l'argent de côté en le plaçant dans les tableaux, mais il ne faut pas se presser de le faire. Si l'on collectionne pour son plaisir, on fait bien de n'acheter que ce qui plaît; mais, si l'on en fait une spéculation, il faut n'acheter que ce qu'on peut vendre à profit. Il ne faut pas pour cela vouloir doubler son capital : un petit intérêt est encore une bonne chose, car ce sont les petits ruisseaux qui font de grands fleuves.

Un tableau varie vingt fois de prix dans l'espace de vingt années, sans qu'on puisse dire d'avance quel est celui qu'il atteindra en changeant de mains. Ainsi, un tableau acheté 1,000 francs s'est vendu 10,000 à Bruxelles, a été payé 75,000 par lord Pembrocke, et acheté 30,000 par M. Péreire, à la vente de cette année. Un connaisseur achètera 5 francs un tableau qu'il vendra 300 francs; mais le nombre de ceux qui vendent sans savoir quoi diminue à mesure que les lumières se répandent; et si c'est de l'argent jeté par la fenêtre que les louis qu'on donne pour de petits tableautins, on se brûle autrement les mains en mettant des milliers de francs à chaque tableau, tandis que pour 100 fr. on trouve facilement une toile qu'on vend le double plus tard.

Qui ne sut se limiter ne sut jamais collectionner. Il ne faut pas prendre de tout, il faut se limiter à une spécialité quelconque; et comme la manie d'un collectionneur peut très bien ne pas être partagée par un autre, le mieux est de s'en tenir à une seule école et à un nombre donné de tableaux. Quand vous en auriez deux mille, il faudrait dix jours de vente publique pour les écouler, et si les chefs-d'œuvre se placent bien, les tableaux médiocres courront le risque de se vendre pour des riens. Quand vous en aurez deux cents, vous n'êtes pas sûr de faire venir deux cents amateurs à votre vente; et le fussiez-vous, que, si chacun d'eux prend un tableau, il ne s'établira pas de concurrence entre eux et vos cadres s'en iront encore à vil prix. Mais si vous avez quarante tableaux, autant de marchands et deux fois ce nombre d'amateurs, vous atteindrez probablement les maximums, ce qui s'est vu à plus d'une enchère de ce genre.

# LES ARTS EN FRANCE ET AILLEURS

---

A M. H.....

Monsieur,

Vous me disiez : « En Allemagne, c'est différent, il y a des écoles de peinture ; mais en France le goût des arts n'est pas répandu ; nos peintres croient tout savoir, et ne consulteront jamais un dictionnaire. C'est un drôle de pays, qui change d'opinion tous les dix-huit ans ».

Il en est de même, Monsieur, de tous les pays. En dix-huit ans, il pousse une nouvelle génération qui veut se signaler par quelque chose, et qui, à défaut de mieux, se moque des vieux.

J'ai vu pousser la moustache en Angleterre ; on la doit à l'alliance avec la France ; avant la guerre de Crimée, les Anglais se moquaient des *French dogs*, appelaient Français tout étranger, le Hongrois comme le Polonais, et se rasaient comme des prêtres ; aujourd'hui, ils ont adopté même la barbe ; à la fin du dernier siècle, ils se roulaient sous la table à force de boire après dîner ; aujourd'hui, ils ne se soûlent presque plus. En Russie, la nouvelle génération se permet de raisonner, mais pas encore d'agir.

Déjà Pierre Ier a formé des peintres russes à la manière flamande ; avant lui, il n'y avait que des images à la byzantine. Elisabeth a aimé le chevalier Rotari ; Catherine II a protégé les peintres russes et étrangers ; Nicolas a donné un grand développement à l'école russe. Les arts ont besoin de Mécènes. Périclès et Médicis prouvent que les arts fleurissent même sous les républiques, lorsque leurs chefs les protégent. En

France, c'est François I^er qui appelle André del Sarto et le comble de ses bienfaits. Rossi et Primatucci ornent le palais de Fontainebleau. Cousin, Goujon et Clouet forment alors une école française.

Les poëtes, comme les peintres, vivent des miettes qui tombent de la table des riches. Louis XIV protége les premiers plus que les seconds. Il faut que les femmes s'en mêlent pour soutenir ces derniers. La Maintenon et la Pompadour posent pour Nateille et Boucher. Watteau est pauvre et misanthrope, et son dernier tableau, *Le Malade imaginaire*, montre l'humeur sombre dans laquelle il a fini ses jours. La Révolution n'arrête pas la marche. Quoique Le Prince et M^me Lebrun se réfugient en Russie, nous avons le portrait de Charette par le premier, de l'artiste elle-même par la seconde. Chénier, Robespierre, ont été peints une quantité de fois. David broyait du rouge, du sang et de la couleur, et changeait d'opinion comme de costume ; il fut raide et classique. Il était plutôt peintre de l'Empire que de la République, sous laquelle il arrangeait les fêtes publiques. Les grâces reviennent sous la Restauration avec Greuze et Prud'hon. Le premier est plus sentimental que tragique ; le second tient au Corrége par la grâce, et est plus correct de dessin. Mais le coloris de Watteau ne se retrouve pas. On compose bien quand on a des connaissances et du goût, mais on naît coloriste comme poëte ; c'est un organe phrénologique qui broie les couleurs de la palette. Le prince des peintres, Raphael, brille par le dessin, mais se laisse battre par André del Sarto dans le coloris. Corrége, au contraire, défectueux par le dessin, est célèbre par la grâce. Tous les trois étaient cependant des génies. Mais Michel-Ange n'aimait pas le chevalet, et a voulu en vain opposer Sébastien del Plombo à Raphael, quoique son élève ait acquis un grand nom et ait produit des chefs-d'œuvre. Le génie ne se laisse pas abattre ; il trouve des protecteurs, ou il perce sans eux. Géricault est mort à vingt-huit ans, mais son nom est d'autant plus grand que le nombre de ses tableaux est plus petit. Ach. Giroux l'approche de près.

Vous avez des écoles puisque vous avez Ingres et Horace Vernet, Rosa Bonheur et Delaroche, Decamps et Delacroix. Schæffer, Lehman, Nettermann, prouvent que les talents d'origine étrangère ont besoin de se consacrer et de se faire reconnaître à Paris, tandis que les écoles de Dusseldorf, de Munich et de Berlin ne sont pas universelles et sont plus appréciées en Allemagne qu'à l'étranger. La peinture est bien pâle sur le Rhin, bien guindée sur l'Iser, bien raide sur la Sprée. Comme l'a dit Brülow, le peintre russe, les Dusseldorfois boivent de l'eau, et non pas du vin ; les Bavarois, qui eux boivent de la bière, brillent par le dessin et non par la peinture ; ils imitent Rome trop servilement, et les Berlinois sont des collets montés comme les soldats, qui sont trop nombreux en Prusse.

L'Italie, en peinture, vit de souvenirs, de gloire passée. Les Italiens deviennent soldats ou hommes politiques. Quand ils auront assuré l'unité de leur patrie, quand ils auront agi, ils raconteront leurs faits et gestes, au pinceau.

Le commerce des tableaux ne va pas à Rome ; mais où va-t-il ? Si le pape pouvait, il vendrait le Vatican ; les meilleurs tableaux de Rome sont au Mont-de-Piété ou au Musée Napoléon III, ci-devant Campana. Les Autrichiens n'ont pas le sou et n'achètent pas à Venise plus qu'à Vienne. La duchesse d'Alba avait envoyé de Madrid des tableaux qui se sont mal vendus. Les lords anglais en ont par-dessus la tête. Sir Robert Peel n'a pas le goût de son père pour la peinture. Les sommités financières de Londres achètent encore moins que celles de Paris.

La noblesse russe est ruinée ; le comte Koucheleff Besborodko est mort, et je ne sais ce que devient sa galerie ; mais les beaux tableaux sont en des mains fermes, et les voleurs qui vendent des Raphael pour 25 fr. volent les acquéreurs, qui les trouvent faux. Ceux mêmes qui spéculent sur les tableaux ne font que les protéger. Tel Hobbema, vendu 10,000 fr., ne les retrouvera jamais.

---

# LES AMATEURS

A M. LE D$^{r}$ B.

Cher Monsieur,

Les tableaux sont du luxe, mais c'est un luxe indispensable. Voir devant soi les quatre murs vides n'est pas récréatif; les cartes géographiques ou les dessins anatomiques ne sont pas amusants. Quant aux glaces qui reflètent votre face, il faut être bien vain pour s'y complaire. Les tableaux sont donc un ornement nécessaire pour tout homme de goût, et font partie des meubles. J'aime mieux un Ferdinand Bol qu'un

Boule, un Lantara qu'un prie-Dieu du temps de Louis XIII, et les Boucher sont un complément d'un mobilier rococo. Ce sont les femmes galantes qui sont les meilleures pratiques de certains marchands de tableaux, ce qui prouve qu'elles ont la nature large et le goût des arts. Mais laissons cela et venons aux amateurs.

Un médecin doit se connaître en tableaux mieux qu'un autre; il doit, au premier coup d'œil, reconnaître leurs maladies. Sa vue est exercée à juger de l'intérieur par l'extérieur, à voir les moindres fibres, les crevasses et les repeints. Aussi je vous déclare très-fort, plus fort que plusieurs experts pris à la fois. Ceux-ci ont toujours un *non* dans la bouche qui en sort plus facilement qu'un *oui*. Ils n'ont, pour la plupart, jamais mis le pied en Italie, et la frontière de l'école de Rome, de Florence et de Parme est confuse à leurs yeux. L'école lombarde et l'école vénitienne ne sont pas plus distinctes à leur esprit. Non-seulement ils confondent Bellini avec Luini, ne savent pas distinguer les deux genres de ce dernier ; mais Carlotti, Carl Lotto et L. Lutti sont tout un pour eux. Le Tintoret et Limasio, Balzano et Paul Véronèse, ont à leurs yeux le même pinceau. Il ne suffit pas de dire : « Non, ce n'est pas un Salvator » ; il faut dire de qui est le tableau.

L'amateur français est long à se décider, il aime changer plus que payer ; mais les billets de banque sont difficiles à sortir de la poche du lord anglais aussi.

Vous avez de jolies choses : un Van der Neer unique, un Van der Velde magnifique, un Lantara et un Chardin fins, un bon Watteau, un Hobbema qui n'est pas à dédaigner, un Fragonard rare.

Il vaut toujours mieux avoir affaire aux amateurs qu'aux marchands. Ed. About avait élevé aux nues, un marchand qui avait donné 180 francs pour une découpure d'un tableau que le peintre, dans un moment d'humeur, avait troué d'un un coup de pied. Un de mes amis, après avoir lu ce trait si beau, lui porta un Th. Rousseau et un Géricault. Le marchand objecta qu'il n'étaient pas signés et qu'ils ne donnaient pas une idée juste des deux peintres. Mais un tableau donnant une idée juste de Géricault vaut de 2,000 à 5,000 francs, et on lui offrait l'étude en question pour moins de 100 francs. Ces messieurs font répandre plus de larmes qu'ils n'en sèchent.

Quant aux ventes publiques, c'est le massacre des innocents; on devrait les proscrire de par l'autorité publique ou les organiser tout autrement. Je connais des amateurs qui n'y vont jamais, et ils font bien. On y perd son temps, on s'échauffe, et l'on en rapporte souvent une croûte pour un chef-d'œuvre.

Il faut examiner un tableau à son aise pour se prononcer sur sa valeur. Après quarante-huit heures de réflexion, il est vrai qu'on ne garderait pas la moitié des tableaux qu'on achète; mais le procédé de les faire venir chez soi pour les renvoyer après convient aux matamores plus qu'aux vendeurs.

Les amateurs, du reste, sont plus forts que les marchands; ils ont nécessairement plus d'érudition. Tel brocanteur cependant, qui est dans les affaires depuis trente ou quarante ans, a vu tant de tableaux passer par ses mains, qu'il est plus fort que tel ou tel autre èxpert. Le principal, c'est de ne pas se laisser désarçonner par les endoctrineurs qui ont pour principe de déprécier la marchandise afin de la décrocher à bon compte. Quand un nigaud dit qu'un tableau n'est pas vrai, c'est qu'il l'est certainement; son jugement ne fait qu'ajouter à sa valeur. Un tableau n'a besoin que d'un amateur et ne doit pas plaire à tout le monde. Le connaisseur regarde aux noms des maîtres, mais le tapissier regarde aux cadres.

M. Thiers collecte des gothiques. C'est une idée comme une autre; mais, pendant qu'il décrit des combats, la vue des saints du moyen âge doit le distraire singulièrement.

Entre la galerie du duc de Morny et celle du marquis d'Hertford, il est difficile de dire laquelle est plus belle. Le comte Duchâtel a beaucoup de choses fausses. Le baron de Rothschild, à force de se méfier, se laisse souvent tromper. Le marquis de Maison n'a pas que des Greuze et des Chaperon. Le marquis d'Ivry a de jolis flamands. M. Arsène Houssaye collecte des portraits du temps de Louis XV.

La province n'est pas non plus dépourvue de collections. Le musée de Montpellier a plus de Greuze qu'il n'en reste ailleurs. Celui de Bordeaux, malgré l'incendie, a de beaux Téniers. Le musée de Lille est riche en dessins.

Mais tout cela est bien pauvre à côté de l'Angleterre, qui a les plus grands trésors de la peinture.

## LES CONNAISSEURS

A M. F.....

Mon Cher Ami,

Vous n'êtes pas aussi fort que vous croyez l'être. Vous êtes le médecin tant pis, le connaisseur pessimiste ; vous voyez tout en noir, excepté vos propres tableaux. Vous êtes le digne élève de M... Vous écrivez avec esprit ; mais les écrivains ne passent pas pour connaisseurs, et vous avez trop d'esprit pour être collectionnaire heureux. Pendant que les autres courent après les maîtres de premier ordre et se font enfoncer, vous avez pris le parti sage de collecter des peintres de second ordre, des maîtres inconnus. Ce n'est pas ruineux, mais est-ce bien lucratif? Si vous étiez plus fort, vous rouleriez carrosse et ne percheriez pas sous les toits. Quelle étrange idée de collecter des tableaux signés! Vous n'êtes pas archiviste, expert en autographes, et nulle part il n'y a autant de fausses signatures qu'en peinture.

Au moins vous êtes de bonne foi, chose rare dans cette ligne. Mais c'est étonnant comme il y a peu de connaisseurs en tableaux en général, et à Paris en particulier. Prenez tel cadre sortant de la galerie de Malmaison ou du prince d'Orléans, reconnu pour original, appelez les experts, et ils vous diront que c'est une copie ou que ce n'est pas cela. Si vous saviez combien de gens se sont cassé le nez contre un Watteau. Ce n'est pas assez de dire qu'un tableau est une copie, il faut dire où est l'original ; ce n'est pas assez de dire qu'il n'est pas d'un tel maître, il faut dire de qui il est. Les amateurs voient des repeints partout, là même et surtout là où il n'y en a pas. Vous regardez à travers un lorgnon, ce n'est pas assez ; prenez une loupe, mais ne la prenez pas petite, prenez-la de la grandeur d'un petit tableau, et regardez bien ; s'il y a des craquelures, c'est qu'il n'y a pas de repeint. On a esssayé en vain d'imiter les craquelures avec une épingle, on n'y est pas arrivé. Le temps les produit seul, et il faut quatre-vingts ans pour les produire.

Le nom d'expert est mal porté, celui de peintre-artiste l'est mieux et recommande mieux une vente. Il faut avoir une conscience très-large pour se charger des intérêts d'autrui sans avoir les connaissances nécessaires pour cela. Un expert qui, de crainte de se tromper, déprécie la marchandise de son client, n'est pas digne d'être expert. Il n'inspirera pas plus de confiance que s'il recommande les contrefaçons pour des originaux. Ces Messieurs ne devraient pas être si laconiques dans leurs catalogues; et, surtout s'ils n'ont pas les moyens de pousser, ils feraient mieux de ne pas s'en mêler. Il y en a qui ne s'entendent pas plus que les commissionnaires de la rue, et qui n'ont de pratiques que les chercheurs de bonnes occasions. Or c'est se moquer amèrement du monde que de chanter victoire quand, au lieu de 70,000 francs, sur lesquels le propriétaire compte légitimement, on lui présente 7,000 francs pour produit total de sa vente. Vous faites bien de ne pas regarder au revers des tableaux, qui n'est pas celui des médailles. Qu'importe qu'ils soient sur carton, sur biscuit, ou sur toile! Je connais des Caracchi sur papier qui se vendent un haut prix. Le procédé de mettre de la toile pour préserver les panneaux peut dater de Greuze ou de quatre-vingt-six ans; il ne prouve pas que le panneau ne soit pas vieux par lui-même.

C'est encore une erreur de dire que, si l'on frotte avec de l'esprit de vin, un mauvais tableau partira. Les deux tiers des tableaux s'en iraient avec ce procédé. Mais, répond-on, vous avez beau frotter avec de l'esprit de vin une vraie signature, elle ne s'en ira pas, et une contrefaite disparaîtra aussitôt. Il n'en est rien, et j'y reviendrai ailleurs.

Les plus forts s'y trompent. Il n'est pas toujours aisé de distinguer un tableau moderne d'un tableau ancien, avec les moyens qu'on a de veillir l'un et de rajeunir l'autre; mais il est plus difficile de reconnaître une copie d'un original. Vous direz que la copie a des tiraillements, des indécisions ; mais tout le monde n'est pas téméraire comme Van Dyck, et il y a des copistes hardis et résolus. Ce portrait de Van Dyck, dit-on, n'est pas original, parce que l'original pend au Louvre ; mais qui vous dit qu'il ne l'ait fait qu'une fois ? Un homme vain, qui allait chez ses collègues disant : « Fais mon portrait, je ferai le tien », a dû se peindre plusieurs fois. Les bonnes copies, d'ailleurs, sont chères : Charpentier copiant Greuze, Mieris copiant Van Dyck, ont produit de bonnes choses. Qu'est devenue la copie d'André del Sarto du portrait de Jules II par Raphael ? Elle ne coûterait pas moins que l'original. Vous avez pris un Zieck pour un Charpentier, d'autres fois il a passé pour Greuze, et pourtant il n'a imité ni l'un ni l'autre ; ses sujets sont allemands, et il y a des gens qui distinguent un tableau allemand d'un tableau français au premier coup d'œil, mais confondent Porbus avec Holbein ou A. Dürer. La frontière entre la Hollande et l'Allemagne est aussi mobile que le Rhin, qui coule dans les deux pays.

Parler, c'est argent, et se taire, c'est or, dit un proverbe turc. C'est un bon conseil à donner aux appréciateurs, que de se taire lorsqu'ils ne sont pas sûrs de leur fait. Mieux vaut garder le silence que de débiter des bêtises. Personne ne vous oblige de dire que ce tableau est repeint : or, s'il n'est que mal verni, il peut être déverni. Le Français, mon cher, pardonnez-le moi, est en général trop bavard. On n'est pas censé tout savoir, et je respecte celui qui avoue sincèrement une lacune dans ses connaissances. A quoi cela sert de donner un nom à un tableau dont on ignore le peintre? Il est vrai que c'est bête de dire ou d'imprimer « un inconnu », quand cet inconnu s'appelle Bischop.

---

# LES PORTRAITS

A M. A. H.

MONSIEUR,

Puisque l'école française a repris de la vogue, parlons-en, s'il vous plaît. Vous collectionnez des portraits, et c'est une excellente idée, car ils ont leur valeur historique et artistique. On apprécie mieux un peintre d'après un portrait que d'après un tableau de genre, et il est étonnant que les experts se cassent encore le nez en confondant un Chardin avec un Vanloo, un Rigault avec un Largillière. M^me^ Lebrun se rapproche déjà plus de M^lle^ Ledoux, parce que l'œuvre d'une femme se reconnaît presque toujours; mais elle se rapproche de Prud'hon plus que de Greuze.

La première chose que je regarde dans les portraits, ce sont les mains, et ensuite les cheveux. Les mains italiennes sont gracieuses, Maratti excepté, qui les faisait un peu larges. Un portrait avec les mains vaut deux fois autant que sans elles. Les cheveux de Largillière, aussi beaux qu'ils soient, n'approchent pas de ceux de Watteau, qui laisse aussi Fragonard bien derrière lui. Il y a des peintres qui mettent sur la tête de leurs sujets de la laine, du crin ou du feutre; bien peu font des cheveux qui ressemblent aux cheveux. La plupart burinent des traits plus ou moins fins; autant vaut-il inscrire sur une toile : *nez*, *cheveux*, *yeux*, aux places qui s'y rapportent. J'appelle donc votre attention particulière sur cette partie des portraits. Albert Dürer excellait dans les cheveux, au point que Sanzi le priait de lui faire cadeau de l'instrument dont il se servait, et il fut fort étonné quand il lui présenta de simples pinceaux. Denner est admirable; il bat Pieter de Hooghe et Dow ; on pourrait compter les poils de ses cils, et l'on voudrait parler à ses femmes. Il n'y a que Lenain qui s'en approche un peu en France.

Le costume doit vous diriger dans le classement des portraits. Le costume du temps de Louis XV est tout différent des autres. On portait des perruques poudrées sous la Régence et sans poudre sous Louis XIV. Le costume du temps de Greuze n'est pas le costume du temps de Lenain, dans la classe moyenne comme dans la classe élevée. Les tailles hautes de l'Empire ont continué sous la Restauration; mais le costume de la Convention est tout particulier, sans que je sache au juste quand a paru le ruban sur la tête des femmes.

Il faut être bien fixé sur les dates de la naissance et de la mort des peintres, pour ne pas confondre les uns avec les autres. Ainsi Mignard ne pourrait pas avoir peint Voltaire, non pas parce qu'il avait vingt ans lorsque Voltaire est mort, mais parce que ce dernier avait plus de vingt ans lorsque Mignard est mort. Vanloo a peint M$^{me}$ du Châtelet, mais c'est Rigaud qui a peint M$^{me}$ Charette, auteur du temps de Louis XVI. Je ne crois pas que M$^{lle}$ Ledoux était trop jeune pour peindre M$^{me}$ Rolland jeune, et M$^{me}$ Lebrun peut l'avoir fait. Prud'hon était trop jeune pour avoir fait M$^{me}$ de Genlis dans sa jeunesse, puisqu'elle a été l'institutrice de Louis-Philippe. Lacroix a fait la duchesse de Berri.

Mignard a fait Louis XIV une quantité de fois, et Watteau a peint Louis XV donnant le cordon au petit duc de Bourgogne; ce tableau est un composé de portraits. Un des Corneille a été contemporain de Molière et a fait son portrait;

mais il est bien plus laid que le portrait d'A. Cuyp, qu'on prend pour authentique.

Boucher a peint la Pompadour plusieurs fois, et les copies de son portrait à cette époque sont encore estimées. Latour a fait le pastel de la Pompadour. C'est Nattier qui a peint la Carmagnole, et je ne sais qui a fait les deux Guimard, la mère et la fille. La du Barry a été peinte par Boucher.

M$^{me}$ Lebrun a peint les deux grandes duchesses de Russie Marie et Anne, et l'Anglais Dow a fait Alexandre I$^{er}$.

Pierre I$^{er}$, pendant son séjour à Paris, s'est fait peindre par deux artistes distingués. Les peintres français sont plus forts en portraits qu'en autre chose. Ils ne se laissent battre que par Van Dyck et Velasquez.

J'ai un portrait de Van Dyck par lui-même, qu'on s'entête à prendre pour une copie de celui qui est au Louvre, et la comparaison en est intéressante. Le portrait du Musée a un habit de velours vert, et la chaîne de l'ordre au cou; le mien est en costume d'atelier, velours noir et large col blanc. Admettons que le copiste ait pu faire ce changement et mettre la chaîne de l'ordre de côté : le tableau du Louvre est plus fin, le mien est plus hardi, et c'est là surtout en quoi un original se reconnaît d'une copie. On le voit particulièrement dans les ombres : le coloris du portrait du Louvre est olive, et celui du mien tire sur le brun; les copies que j'en ai vues donnent dans le rosâtre.

Les portraits du chevalier Lhys sont mieux payés en Angleterre qu'en France; ceux de Ferdinand Boll sont plus convenables qu'agréables.

Melwielt s'est aussi distingué dans les portraits. Netscher a aussi excellé dans celui des femmes; mais il y a eu deux frères de ce nom : Caspard et Constantin. J. B. Weenyx a aussi donné dans tous les genres, et Koupetzky a portraité les rois de son époque, y compris Pierre I$^{er}$, auquel il a refusé d'aller vivre sous l'autocratie russe.

## LE COMMERCE DES TABLEAUX

---

A. M. H.....

Monsieur,

Vous avez l'excellente qualité de ne jamais dire du mal de vos collègues, qui sont pendus aux cheveux les uns des autres ; mais ce n'est pas là votre plus grande qualité, vous êtes aussi serviable que bienveillant, et à l'art de contenter tout le monde vous unissez un art de restaurateur admirable. J'ai vu chez vous une copie d'André del Sarto que j'ai prise pour une copie ; quinze jours plus tard, je l'aurais déclaré un original. Je ne sais pas ce que votre *alter ego* avait

« mangé ce jour », mais il avait saisi le coloris d'André.

J'ai la manie des tableaux, parce que, si le bonheur y est pour quelque chose, les connaissances y sont pour tout. Quand on fait de mauvaises affaires, on n'a qu'à s'en prendre à soi-même ; tant pis pour celui qui se laisse tromper : il faut y regarder à deux fois, tout calculer et tout prévoir. Ainsi il faut commencer par se rendre compte de l'état du marché monétaire. Si l'argent est rare, les tableaux sont les premiers à s'en ressentir ; c'est alors le temps d'acheter, et non pas de vendre.

Dans les plus mauvaises années, les bons tableaux se vendent cher. En 1848, on n'avait pas des Claude Gelée à 300 fr., et un Teniers s'est vendu récemment 4,000 fr., quoique tout le monde dise que les affaires ne marchent pas.

On croit que les tableaux bon marché sont à la portée de plus de bourses et plus faciles à se vendre; mais il y a tant de tableaux et tant de marchands, surtout à Paris, qu'il ne faut pas regretter de ne pas faire une affaire, vu qu'à deux pas de là on peut en trouver une meilleure. Aussi les bons procédés, la politesse et la loyauté sont les qualités requises avant tout de la part des marchands de tableaux. On trouve bien des perles dans le fumier, mais il faut être chiffonnier pour cela, et il faut attendre des années et des années pour vendre un Rembrandt 25,000 fr. qu'on a payé 250 fr., et un Boucher *idem*. Un forgeron même pourrait se renseigner sur ce qu'il a, et ne pas donner une fortune pour une misère. J'aurais honte de dépouiller ainsi un pauvre diable d'ignorantin. On ne porte pas un tableau chez un boulanger, et le propriétaire ne prendrait pas un Raphael pour se payer d'un terme; mais lui non plus ne peut manger les briques de sa maison.

Les marchands vivent d'échanges, mais on

perd encore sur les échanges plus qu'on n'y gagne. Il ne suffit pas qu'un tableau soit bon pour l'acheter, le principal est de ne pas se tromper sur son prix et de ne pas se faire des illusions, et les amateurs sont en général des rêveurs qui demandent 700 fr. pour le dos d'un Turc parce qu'il est signé Decamps, et 500 fr. pour un Carême, ce qui les oblige à faire maigre en plein carnaval.

Les connaissances que ce métier requiert sont infinies, et l'habileté que cette industrie réclame n'est pas moindre. Il faut être actif et diligent, avoir des jambes et une langue.

« Je n'offre pas mes tableaux, dit un marchand aussi gras qu'indolent, j'attends qu'on vienne me les demander. » Et il attend jusqu'à ce que le chaland vienne lui dire qu'il n'a que des croûtes. Tel autre ne risque pas cent sous chez un amateur et paye 100 francs à une vente publique qui paraît lui présenter quelque garantie, comme si là surtout il y a un contrôle et une assurance ! S'il ne se fie pas à ses connaissances, mieux vaut renoncer tout à fait à cette branche et en prendre une autre.

*Con arte e ingenio si viva una metà de l'anno, e con ingenio e arte si viva l'altra metà*, disent les Italiens ; c'est-à-dire qu'avec de l'art et de l'esprit, on vit une moitié de l'année, et avec de l'esprit et de l'art on vit l'autre moitié. Ce mot s'applique surtout aux brocanteurs. Il faut connaître l'histoire de la peinture et ne pas avoir à consulter un dictionnaire pour s'orienter sur un peintre, au moment d'acheter un tableau. On ne fait bien que ce qu'on sait, et il vaut mieux ne pas se frotter à ce qu'on ignore. Il y a, par exemple, un peintre B... qui a imité les Fragonard et les Watteau à s'y méprendre. Le marchand P.... a fait surtout de bonne affaires avec lui ; il ne suffit donc pas d'avoir des yeux, il faut avoir de la mémoire et des informations.

Les collections connues se vendent le mieux. Ce n'est donc pas un raisonnement juste que font quelques marchands en disant dans leur patois : « Ces tableaux sont trop connus, ils ont trop trotté. » Barnum, le grand faiseur américain, dit dans ses mémoires qu'il doit à l'encre d'impression (*printing ink*) ses plus grands succès. La publicité, de nos jours, est un véhicule puissant, et les commissaires priseurs qui font des ventes pour ainsi dire à huis clos et ne distribuent les catalogues que du bout des doigts servent mal les intérêts de leurs clients.

La règle générale de tout commerce : acheter à bon marché et vendre le plus cher possible, s'applique aussi au commerce des tableaux. Ainsi il est bon d'acheter des italiens, à présent qu'ils sont discrédités. Ils rentreront en faveur, car malgré tout l'école italienne est la meilleure de toutes : elle a le fini des Hollandais et la grâce des Français. L'école allemande fait rêver ; mais les vierges de Sassoferrato, de Dolci, de Guido Reni, font rêver aussi, et ni les Allemands, ni les Hollandais, ni les Français, n'ont rien fait de pareil.

Si vous ne voulez pas des saintes familles, ne repoussez pas les nudités. Vous n'avez pas même besoin de les voiler, puisque vous avez des rideaux à vos lits : placez-les derrière.

---

# LES ÉCORCHEURS

A M. C.

Monsieur,

Je vis un jour un écriteau sur une fenêtre portant ces mots : « Vente de tableaux après décès. » Le magasin était fermé, je m'y transportai le lendemain. « Qui donc est mort? demandai-je. — Le marquis d'E... ; nous avons acquis ces tableaux de son neveu, et nous en ferons une vente en novembre. » Il y avait quelques bonnes choses, et les grands noms n'y manquaient pas. Je distinguai un Rottenhammer sous un Albani, un Zurbaran sous un Sébastien del Piombo, un inconnu sous celui de Vélasquez. Le maître du logis avait un accent méridional ; je lui demandai s'il était Italien, et il me répondit qu'il était Auvergnat. Les Français prononcent en général les noms des peintres étrangers à leur manière, et le nom de Rembrandt francisé sonne drôlement à une oreille occoutumée à la terminaison dure. Mon Auvergnat disait qu'il ne s'entendait pas en peinture et qu'il me laissait le soin de fixer les prix, qu'il vendait tout à perte. Je lui offris une misère, qu'il accepta. Il était malade, et sa femme le querellait de vendre si bon marché. — Si pourtant, me disais-je, c'était une frime, si cet homme estropié en savait plus long qu'il ne s'en donne l'air! Quelques jours plus tard, je me convainquis que ce qu'il vendait un franc lui coûtait un sou, et que c'était tout bonnement un vieux brocanteur qui se faisait conduire en charrette et achetait à vil prix à des gens pressés d'argent. Quant à se connaître en tableaux, c'était un âne, mais pas si âne pour ce qui concernait l'argent à débourser.

Aux environs de l'hôtel des ventes, j'entre chez un marchand et vois deux copies de Metzu, le fameux marchand de volailles de la galerie de Dresde. « Combien ces deux pendants? — 750 fr. — De qui sont-ils donc? — De Van der Brueck. » Je n'ai pu réprimer un sourire. Sur un grand tableau hollandais on lisait un écriteau portant ces mots : « Lancret, 1800 fr. » C'était un tableau au-dessous de 100 fr. Il me montra un Van der Heyden, qui n'en était pas, qui valait 300 fr. et dont il demandait 2,500 fr. Son Berghem était repeint et son Teniers ne valait pas la moitié de la somme qu'il en voulait. J'appris qu'un Italien, C..., lui consignait ses tableaux, et quand un d'eux se vendait, il lui payait une douzaine de ses croûtes. Je fus chez un voisin, qui m'offrit une copie de Wouwermans, valant 300 fr., pour 1,200 fr., ou bien pour deux tableaux valant 1,000 fr. et 300 fr. d'argent!

Et de trois.

L'avarice et l'avidité se punissent justement dans ce monde. Voici un quatrième écorcheur qui veut toujours tromper et qui se trompe à tout moment lui-même, donnant peu pour des choses qui valent encore moins.

Oh! messieurs les marchands de tableaux, faites donc votre industrie largement, convenablement, et vous vous en trouverez mieux. Ne vous en mêlez pas si vous ne vous connaissez pas en tableaux, mais contentez-vous d'un petit bénéfice; sachez perdre au besoin et ne faire des coups que quand la chance a fait tomber dans vos mains un chef-d'œuvre pour peu de chose.

Voici un marchand de curiosités et de timbres-poste qui paye le tiers de ce que vaut un objet et qui s'entend en tableaux, passez-moi le mot, comme un cochon en oranges; mais il floue, il vend des gravures coloriées sur carton pour des tableaux à des gens qui n'ont pas la loupe à la main. C'est un lettré, il a publié les mémoires de la famille d'Orléans, a dû quitter le service et s'est fait donner une patente de libraire. N'entend le commerce que celui qui s'attache les pratiques et ne les fait pas fuir en leur faisant croire que les vessies sont des lanternes.

Mais les lanternes ne sont pas des vessies, et la bande noire cherchera toujours à dégoûter un amateur d'un tableau rare, afin de le ramasser pour un vil prix. Il y a des chiffonniers en tableaux comme en papiers, qui, pour les ramasser aux ordures, les y traînent à qui mieux mieux. Il y a des richards qui vivent dans des taudis, vendent des souricières et des balais, portent des habits rapiécés, dînent de chez le charcutier et soupent en se serrant l'estomac. Ils ne donnent pas de bas à leurs filles, quand même ils tiennent leur fortune de leurs femmes. Si le prodigue est à plaindre, l'avare est à mépriser.

Il y a encore plus d'ânes que de gens de mauvaise foi dans cette ligne, mais pressons-nous de dire qu'il ne manque pas non plus d'honnêtes gens dans ce commerce. Je connais tel colonel en retraite qui s'en occupe par goût aussi bien que parce qu'il y a été amené par les circonstances, et qui mourrait plutôt que de mentir. On ne se fait pas de clientèle en vendant des copies pour des originaux. Mais à côté de quelques hommes honorables vous avez tel faiseur qui ne vendra un tableau que pour le double de son prix, à moins qu'il n'ait de bonnes raisons pour s'en débarrasser à tout prix. Les amateurs de bonne foi, mais qui se laissent tromper parce qu'ils le veulent bien, sont les plus dangereux, grâce au mot qui dit : « De qui je ne me méfie pas Dieu me soit en aide. »

---

## L'ART ET L'INDUSTRIE

A M. H. D.

Monsieur,

Je suis encore tout ému du souvenir du tableau de Sébastien del Piombo que j'ai vu chez vous. Au risque de passer pour un grand ignorant, je déclare qu'à côté du portrait de Doria, le tableau de Paul Rubens est une croûte. Et, franchement, est-ce que les portraits de Raphael, du Titien et du Tintoret ne battent pas ceux de Rembrandt, de Van Dyck et de Pieter de Hooghe? Croyez-moi, il n'y a rien au-dessus de la peinture italiennne. J'ai vu chez vous un Crispi qui peut lutter avec les meilleurs petits flamands, et j'ai telle sainte famille en petit, pour laquelle je ne prendrais pas le plus joli bamboccio flamand. Votre Doria, c'est la sculpture en peinture. L'idée de faire un portrait nu est étrange, et c'est là peut-être la raison pour laquelle il trouve peu d'amateurs; mais cela ne parle pas en faveur du goût des arts, que de vous voir garder ce tableau si longtemps, quand vos prétentions sont si limitées.

Votre Paul Rubens, le portrait de sa femme et de son fils, en vierge avec l'enfant, est de tous les Rubens celui qui attache l'œil le plus longtemps. La lymphe n'y déborde pas comme dans ses autres tableaux. Il a l'inconvénient d'être trop grand pour les amateurs qui se plaignent de ce que la mariée est trop belle; il faut couper les ailes au génie et le faire de la taille des bourgeois de notre époque.

J'ai été voir le portrait de Watteau chez

M. Duclos : c'est son triomphe, c'est M. de Julienne. Connaissez-vous celui du marquis de Marigny ?

La comparaison m'a convaincu que le mien est un Watteau aussi. J'ai la bonne ou mauvaise habitude de juger d'après les mains. Ici comme là, les doigts sont fins, aristocratiques, crochus ; seulement une des mains de mon portrait a souffert. Le portrait de M. Duclos est sec, le vernis y manque, mais je crois que mon coloris vaut mieux. Ici, comme là, c'est la même manière de traiter les dentelles. L'argent et la soie dans les broderies se comparent difficilement ; quant aux cheveux, il ne sont pas poudrés, chez M. Duclos ; ils sont au naturel, et pour bien faire il faudrait comparer deux perruques de la même époque.

Pour parler chiffres, M. Duclos demande 15,000 fr. et en refuse 7,000 ; 6,000 fr. du mien ne paraissent pas une somme exagérée. Il y a un cadre chez M. Duclos, et il y en aura un plus beau encore, cela fait beaucoup. M. de Julienne est debout, et mon homme est assis, c'est bien différent. En ce moment entre chez moi M. B..., qui me dit : « Comment ! vous êtes encore à vous casser la tête sur ce tableau ; il y a longtemps que je voulais vous dire que c'était un Watteau. »

Donc Watteau il y a, l'évidence perce les yeux, et il ne ressemble pas à un Drouais.

Les plus malins se trompent, ou, comme vous l'avez dit, le plus savant est le moins ignorant, et il est toujours noble de convenir franchement d'une erreur, comme il n'est pas digne de patroner un tableau sur l'authenticité duquel on n'a pas de conviction morale.

L'eau vient au moulin, et les gens riches sont sûrs de faire de bonnes affaires, rien que par des échanges, c'est-à-dire en prenant comme profit les tableaux qu'ils se font ajouter à leur prix en argent.

Les tableaux ne traversent pas des siècles sans accident; aussi n'y en a-t-il pas qui ne soient plus ou moins restaurés; seulement ces restaurations sortant de votre main, on ne les distingue guère. Les connaisseurs disent qu'un tableau n'est pas vieux si la couleur n'en est pas cristallisée; c'est émaillée qu'ils devraient dire.

Bien des fortunes se sont englouties dans des tableaux, par des collectionneurs maladroits ou malheureux; quand il faut attendre quinze ans pour vendre un tableau, le profit qu'on en tire couvre à peine l'argent qu'on y a placé. La plupart des collectionneurs ont fait de mauvaises affaires; mais, si l'on y regarde de près, on trouvera que la faute en est à eux, et vous avez des connaisseurs véritables qui ont dignement gagné des fortunes dans cette ligne, sans faire du tort à beaucoup de monde, car ce n'est pas leur faute si les gens sont pressés de vendre. Quand on peut attendre, on est sûr de trouver un bon prix.

Le tout est bien chanceux, mais la fatalité qui s'attache aux tableaux s'attache à toutes les autres affaires. Les placements à 3 et à 5 0/0 ne font pas vivre ceux qui ont plus d'appétits que de moyens de les satisfaire. La littérature partage ordinairement le sort de la peinture, et il y a autant d'auteurs sans éditeurs que de tableaux sans acheteurs. Les récoltes dépendent du temps et des intempéries des saisons, et, pour un tiers de savoir-faire, il entre deux tiers de bonheur ou de malheur dans toutes nos affaires. La guerre des Américains entre eux, l'émancipation des serfs russes, ont produit la stagnation des affaires en Angleterre comme en France, et un prince qui achèterait pour 50 ou 100,000 fr. de tableaux n'y changerait rien. 3 ou 4,000 fr. répartis entre tant de marchands ne les feraient pas vivre, mais relèveraient le courage, en entrant dans les mains de quelques-uns, qui les feraient ensuite refluer dans celles des autres.

Dans notre siècle tout devient mesquin, et je connais tel Murillo qui ne trouve pas à se placer pour 100,000 fr., tandis qu'il vaut mieux que celui qui s'est vendu 600,000. De quoi ne dépend pas la fortune d'une famille? Souvent d'un mot de Mécène. Ah, puissé-je être celui qui versât le contentement dans l'âme des amis de l'art inquiets ou abattus! Mais il y a plus d'un joli Murillo pour 5,000 fr. dans les collections privées.

---

# LES TABLEAUX ALLEMANDS

---

AU BARON DE W.

MONSIEUR,

Vous avez relevé le prix des tableaux allemands en les collectionnant exclusivement. Depuis, on les recherche, même à Paris ; seulement vous vous bornez au siècle dernier et vous excluez de votre cabinet Albert Dürer et Cranach Vous avez beaucoup de Rose, et à Paris, malgré M. Viardot, Henri Rose est plus estimé que Rose de Tivoli. Melchior ne se vend guère. Les Rotterhammer sont estimés, mais, comme tant d'autres peintres allemands, il a produit des choses inégales ; quelquefois il a approché Albani, et d'autres fois il est resté tout allemand et a mis du sentiment où il n'y en a guère. En général, on distingue très-facilement un tableau allemand de tous les autres, et l'on ne confond pas Denner avec Van Halen.

On paie cher les Dietrich imitant Watteau ou Lancret, mais il y a des amateurs qui l'appellent pasticheur, et ses imitations de Rembrandt ne sont pas aussi heureuses que celles de Teniers. Il est plus expressif que fin dans les premières.

On aime beaucoup Wolgemuth à Paris, et on le paye 300 à 400 francs pour des tableaux qui valent la moitié en Allemagne.

Krüger, le contemporain d'Albert Dürer, est fort estimé, et j'ai vu de jolies choses de lui. C'est encore un coloriste.

Platzer est fort goûté et ses tableaux ont atteint des 3,000 francs ; mais tout ce qui passe pour être de lui n'est pas de lui.

On parle de Krauss, et l'on va jusqu'à confondre Angelika Kaufmann avec Mlle Ledoux, qui se ressemblent pourtant comme une brune ressemble à une blonde.

On voit beaucoup de Kœbel, là même où il n'y en a pas, et l'on ne sait pas reconnaître Sébastian Grün de Holbein. Ce n'est aussi que dans un voyage à Bâle que j'ai appris à connaître le premier.

Les gothiques italiens ont gagné de la faveur depuis le musée Campana, et les allemands du même genre peuvent lutter avec eux. Moi je m'en tiens à mon papa Cranach, et il a bien son mérite. Je connais de lui un tableau sortant d'un couvent qui est de toute beauté, et un autre qu'on estime 12,000 francs On n'en aurait pas plus de son tableau de Leipzig : *Le Christ laissant venir les enfants à lui.*

Querfurt est acheté par ceux qui exportent les tableaux allemands en Allemagne. C'est comme l'Anglais Bulington qui monte de prix, je ne sais pourquoi, tandis que Hamilton et Reynolds n'ont pas la même faveur.

Les Espagnols commencent aussi à reprendre, mais les Italiens sont définitivement délaissés. Vous faites bien de tourner votre attention vers les Français ; il y en a encore de bons en Allemagne, mais la confusion des noms est extrême. Prenez garde de confondre Zieck avec Boucher ou avec Greuze. Les Greuze ne courent pas les rues ici et sont introuvables en Allemagne.

C'est étonnant comme les bons paysages sont rares dans toutes les écoles, et les modernes seuls sont en bon état.

Waagen a jeté le trouble au Louvre par ses appréciations, et l'on a débaptisé bien des tableaux. Depuis, on dit en général que les gens qui écrivent sur la peinture ne s'y entendent pas. Mais M. Horsin Déon écrit lui-même et écrit fort joliment. M. Viardot, dit-on, n'est pas plus fort que M. Arsène Houssaye; mais nous en sommes tous là: *humanum est errare*. A force de forger on ne devient pas toujours forgeron, témoin M. L..., qui commet souvent des bévues impardonnables.

Les paysages d'Elzheimer sont toujours fort goûtés ici, mais c'est s'illusionner étrangement que de croire qu'ils se vendent des 800 francs. On en trouve de jolis à 60 et 80 francs.

Votre Rembrandt est décidément un Eckhout, et les Eckhout ne se vendent pas très-bien ici; on les trouve trop jaunes. Les Ruysdael, par contre, sont introuvables. La place en général est encombrée, c'est le moment d'acheter; les marchands ont la langue pendue et se contentent de gagner cent sous sur un tableau de cent et trois cents francs.

J'ai vu ici des Pieter Potter, le père de Paul Potter, des portraits signés dans le genre de Le Duc, et des paysages qu'on prend pour la première manière du Raphael des animaux. Mais je m'éloigne de mon sujet, et pour rentrer en Allemagne, je vous dirai que Bichop est plus connu ici que Brasch ; que les natures mortes de Schwab sont assez recherchées ; que Beham et Hofer sont à peu près inconnus. Kaulbach ne se vendrait probablement pas le prix qu'il coûte. Mais vous n'êtes pas pour les modernes, qui font ici une concurrence puissante aux anciens, qui se cotent comme à la Bourse, mais encombrent les magasins et ne s'écoulent que difficilement.

## L'ECOLE RUSSE

A M. A. B.

Monsieur,

Vous dites qu'il n'y a pas d'école russe, qu'il n'y a que des croûtes; mais Aïwazowski a exposé ses marines à Paris et a eu la croix de la Légion d'honneur. Comme il venait d'achever *Pierre Ier sur le bord du lac*, pour M. Jakowleff, l'empereur Nicolas prit ce tableau pour lui, et il lui a fallu en faire un autre. Comme on lui reprochait de ne faire que des marines, il fit pour M. Kokoreff un troupeau de moutons dont la reproduction en petit se trouve dans le gouvernement d'Odessa.

Fils d'un domestique tatare, il ne rougit pas

de se représenter, pour son ancien maître M. K..., en garçon cirant les bottes. Il a aujourd'hui de belles propriétés gagnées par son pinceau, et se livre à l'élève des abeilles au midi de la Russie.

Si le *Dernier jour de Pompéi*, de Brulow, n'a pas été exposé à Paris, c'est grâce aux jalousies des peintres français. Il a fallu depuis repeindre ce tableau. En général, les peintres russes n'étudient pas assez la partie technique et font trop à leur tête ; aussi leurs tableaux ne vivront pas des siècles, tandis que ceux de G. Dow paraissent faits d'hier.

Les tableaux de M. Ivanoff sont trop verts et se gercent trop facilement (1). Son *Saint Jean*

(1) On en voit un à Paris représentant une attaque de brigands, chez M. Humann, 83, rue Neuve-des-Petits-Champs.

Ce peintre est malheureusement mort depuis quatre ans.

*dans le désert* se place à côté du *Siége de Pskow*, par Brulow. L'église d'Isaac possède des tableaux des meilleurs artistes russes ; on y admire aussi les *Quatre Évangélistes* par Worobieff père. Il y a un peintre de chevaux admirable. M. Kotzebue, à Munich, est un peintre de batailles. Son *Passage des Alpes par Souvoroff* promet d'être beau. Nicolas a payé 40,000 fr. la *Reddition de Goergey à Vilagos*, un tableau tout composé de portraits, qui doit perpétuer le souvenir de ce triomphe obtenu par l'or plus que par le fer. Les tableaux de genre sont nombreux aussi. L'*Officine d'un stanovoï* (chef de la police rurale), par un peintre dont le nom m'échappe, est d'une exécution minutieuse. Le délinquant est admirable et le scribe est saisi d'après nature : on voit l'usure de son uniforme et la poussière qui le couvre.

Les alliés ont rapporté de Crimée et des autres parties de la Russie une quantité d'images russes, mais leur valeur est nulle. Il y a des fabriques de ces images dans plusieurs villes de Russie, et leur prix est de trente sous, terme moyen, quand elles ne sont pas enchassées dans le vermeil. Les images bizantines, au contraire, sont très-recherchées en Russie et on les trouve quelquefois recouvertes de plusieurs croûtes. Vous enlevez un saint Nicolas, et dessous vous trouvez un saint Jean qui cache une sainte Vierge d'un beau travail grec.

La comtesse Vorontzoff Dachkoff a présidé l'Académie des Sciences sous Catherine II; il est donc moins étonnant que la comtesse de Strogonoff, ou la duchesse de Leuchtenberg, préside l'Académie des Beaux-Arts. Si elle est mariée à l'un, elle a hérité de la galerie de l'autre, et il y a des femmes très-entendues en peinture. L'Académie possède des copies, et malheureusement l'empereur Nicolas a fait copier des tableaux inférieurs par les élèves russes à Rome; mais l'Ermitage possède les plus beaux Rembrandt, deux ou trois Raphaël incontestables, un Léonard de Vinci, un autre ayant disparu ; des Titien, des Poussin et des Ruisdael. Il y a également une salle pour l'école russe.

Les particuliers ont aussi beaucoup de belles choses. La comtesse Lavale a, je crois, la cinquième répétition de *Luisa Moni ;* le prince Youssoupoff a une nombreuse collection ; la princesse Bicloselski aussi. Le comte Koucheleff Bezborodko avait entre autres un des plus beaux Ruisdael.

Pendant que presque chaque ville de province un peu importante, en France comme en Angleterre, a un musée, en Russie il n'y a pas de galerie de tableaux publique, même à Moscou, quoiqu'à une exposition qu'on y a faite des beaux-arts on ait été étonné des richesses que les particuliers y ont envoyées.

En Russie aussi on vend des tableaux au prix des cadres. Il y a tel marchand *barbu* au *Gasti-*

*noïdwor* (marché) de Moscou qui ne connaît que Raphaël, Rubens et Poussin, et attribue tous les tableaux imaginables à l'un de ces trois maîtres. On est étonné d'y trouver quelquefois des chefs-d'œuvre de la peinture italienne à de vils prix.

Par patriotisme, on payait 40,000 francs une marine d'Aïwazowski, et il était si en vogue que tout bon hôtel se croyait obligé d'avoir un tableau de lui; mais depuis l'émancipation des serfs, la noblesse russe se resserre, et il sortira de Russie plus d'un chef-d'œuvre. Les tableaux de la comtesse Rostopchine ont péri dans la Baltique, en route pour l'Angleterre; ceux du comte Demidoff, qui venaient d'Italie à Paris, ont sombré sur le Rhône, sans avoir été assurés. M. de Wolf, qui collectionnait à Riga, à cessé de le faire. M. Kokoreff n'a que des tableaux russes, et il serait temps de faire une petite place aux musées d'Europe pour les tableaux des peintres russes. Il est vrai que les peintres danois et suédois pourraient réclamer le même honneur. La Pynacothèque de Munich possède une marine par un peintre danois, digne des plus beaux hollandais, et il y a un Suédois qui s'est fait un nom en France du temps de Boucher.

Alexeieff s'est formé grâce à Pierre Ier, qui l'a fait voyager, et l'on trouve ses tableaux au palais d'Anitchkoff. Matweieff, du temps de Catherine II, a imité Salvator Rosa et est mort à Stuttgart. Akimoff, élève de Lossenko, est mort en 1814. Baranoff, né en Esthonie, en 1810, a été sourd-muet; on connaît de lui un *Héros d'armes* et un *Chasseur*.

---

## L'ECOLE FRANÇAISE

A M. R.

MONSIEUR,

Quand la Révolution a éclaté, il y avait une académie de Saint-Luc avec trois cents membres, celle de la peinture, qui comptait environ huit cents membres, et la société du Pont-Neuf, qui en comptait plus encore; donc il n'est pas facile de donner les noms des peintres aux tableaux qui datent de cette époque.

Les amateurs passent tous par la même filière et payent leur apprentissage à force de s'adresser à des boutiquiers qui les trompent, au lieu d'aller chez des peintres comme vous, qui ont des tableaux vrais et de premier ordre. Où peuvent-ils être sûrs d'acheter un Watteau, si ce n'est chez vous, un Greuse ou un Wouwermans?

A propos de ces deux derniers, j'ai vu chez un de vos confrères des tableaux qui ne sont pas chers, mais qui sont vrais : une tête, de Greuse, qui n'est pas belle, puisqu'elle représente une vieille perruque, et un Wouwermans de son premier faire, que je trouve supérieur à celui de son maître, Van Laar.

Les perruques poudrées appartiennent au temps de Louis XV, et celles qui ne le sont pas à celui de Louis XVI; mais des maîtres comme Watteau se sont passés de poudre en faisant les portraits et leur ont fait des cheveux naturels. Cependant on confond Drouet avec Watteau, et il y a quelqu'un qui a fait des portraits dans le genre de Watteau.

Le nombre des peintres du temps de Louis XV est aussi trop grand pour qu'on donne des noms à tous les tableaux de cette époque. Tout ce qui passe dans le commerce pour Lancret, Huet, Leprince, Fleury, n'en est pas, sans qu'on puisse préciser les intermédiaires. Mais il est étonnant que des gens civilisés emploient des hommes illettrés pour appréciateurs. L'outrecuidance de ces gens dépasse toute limite. « Ce n'est pas un Dietrich, mais c'est un tableau allemand », dit-on à quelqu'un qui vient d'Allemagne, et qui en sait plus long que monsieur l'expert. « C'est *d'après* Vasari, » dit-il, et c'est au contraire antérieur à Vasari. — « C'est dans les Caracci, » dit-il, et la tournure de la phrase seule prouve son ignorance, car les trois frères ne se ressemblaient guère dans leur genre de peinture.

Vous me direz que les tribunaux sont très-sévères sur les noms. Ils ont raison de l'être quand le prix n'est pas en proportion avec la qualité de la marchandise, et alors les noms n'y font rien, parce qu'il y a des pastiches de Teniers qui ne valent pas un quart du prix de ses autres tableaux, des Murillo de 5,000 fr. et des Murillo de 100,000 fr.

Je ne connais pas un seul tableau contre lequel il ne se soit pas élevé d'objections. La *Sainte Famille* de Raphaël, du palais de Pitti, a des mains et des pieds sujets à la critique, qui s'est encore plus attaquée à sa dernière œuvre, *l'Assomption*. Tel tableau est trop sombre, tel autre trop clair, car un corps nu se détache mal d'un drap de lit blanc. On va jusqu'à dire en général qu'il ne faut pas chercher le dessin chez les Flamands, qui brillent par les détails; mais le dessin est un détail assez essentiel, je crois, et la nature est mal saisie lorsque le dessin est incorrect.

Pour en revenir à cette question de l'esprit-de-vin que j'ai touchée plus haut, je crois que, si l'on en versait des bouteilles sur une signature faite sans huile, elle ne partirait pas, et une goutte d'eau la ferait partir : il n'y a que la peinture agatisée qui résiste à cet ingrédient.

Vous possédez plus d'un chef-d'œuvre : votre Rembrandt de son premier faire est bien vrai, mais l'école de ce maître par G. Dow, avec les portraits de l'un et de l'autre, est admirable.

Les portraits par les peintres français contemporains de Holbein sont délaissés injustement. Ils ressemblent par le costume aux personnages de ce dernier. Tel maître soigne les cheveux, tel autre les mains, tel autre les pieds (Teniers, par exemple) ; il y en a bien peu qui fassent bien toutes les parties du corps. C'est que la peinture n'est pas encore à son apogée, et ceux qui disent qu'un tableau est toujours plus beau que la nature se trompent étrangement. — Ah ! si l'on pouvait peindre le soleil ! s'écriait Rembrandt ; et un coucher de soleil, même sur les bords de la Seine, est inimitable. Il y a tel enfant dont la transparence de la peau et la couleur des cheveux défient les pinceaux les plus célèbres.

Les sujets de Boucher sont nourris de roses, mais ses peintures sont transparentes et son nom est grand. Les paysages de Fragonard sont plus rares que ses têtes; Bourdouin est trop déshabillé; Lallemand n'est pas assez français pour ses sujets; Valentin est populaire, mais ses sujets captivent moins que ceux des frères Lenain. Les marines de Joseph Vernet sont en hausse, et Lemoyne a été le maître de Boucher; Crépin n'est pas cher, mais la réputation de Michel croît depuis sa mort.

Quant à moi, je reste fidèle aux Italiens. Entre le coq de Honkroeter et celui de Cambiaso, j'aime mieux le second pour ses couleurs, quoique le premier ait l'air de chanter. Il y a des vues de Venise de Maraci que je préfère aux Canaletti, et Jean Bellin, comme vous l'appelez, ne craint même pas son élève le Titien.

« Tout vient à propos à qui sait attendre »,

disait papa Louis-Philippe, excepté la réputation, qui vient après la mort; et quand vous ne serez plus, on se souviendra de la justesse de votre coup d'œil et de la profondeur de vos appréciations en peinture. Quant à la passion pour les tableaux, elle n'est pas héréditaire, et ce n'est pas une fortune entre les mains de chacun, mais une dépense pour beaucoup de monde.

---

## MYSTÈRES DES VENTES

A M. CH. P.

Monsieur,

Je copie textuellement une lettre lithographiée :

« Paris, le 3 juillet 1862.

« Monsieur,

« J'ai l'honneur de vous offrir un crédit de trois mois, ou de un mois et 5 p. 0/0 d'escompte, sur les acquisitions que vous pourrez faire à la vente qui sera faite les 9, 10, 11, etc., salle 2, rue Drouot.

« Si elles s'élèvent au-dessus de deux cents francs, etc. »

Pourquoi donc imprimer sur les catalogues que les ventes se font au comptant ? Est-ce parce qu'il n'y a pas de règle sans exception ?

Que le commissaire-priseur prenne pour lui les tableaux qui lui conviennent, lorsqu'il n'y a pas de surenchérisseur, je crois qu'il en a le droit ; mais afin qu'il ne les adjugeât pas trop vite, il vaudrait mieux que cela ne fût pas.

Quant à s'entendre avec les marchands pour partager le prix convenu ou la différence, si c'était une coutume, il y a longtemps que cela aurait transpiré, car tous les marchands n'ont pas d'intérêt à rester bien toute leur vie avec les commissaires-priseurs. Il y en a qui se retirent des affaires, et le hasard lui-même est indiscret. Or, un commissaire qui se rendrait coupable d'un tel méfait serait cassé, et pour rassurer l'opinion publique, on ne saurait avoir trop de vigilance. Le commissaire-priseur qui prend 10 p. 0/0 lorsque la vente produit 10,000 francs et au-dessus, et 5 p. 0/0 lorsqu'elle produit moins, a déjà un intérêt à pousser jusqu'au premier chiffre. Il y a des accommodements possibles pour les tableaux qu'on retire ou qu'on garde, afin de ne pas payer comme acheteur et vendeur, c'est-à-dire 30 p. 0/0, dont 10 (5 pour chaque opération) reviennent à l'expert.

Les personnes qui s'échauffent facilement font bien de ne pas aller aux ventes; elles peuvent indiquer leur maximum à des personnes tierces.

Cela vaudrait mieux peut-être s'il n'y avait pas de ventes publiques; mais le moyen d'écouler cent tableaux en un jour n'existerait plus, et puis toutes les ventes ne sont pas funestes. Celles des collections connues, confiées à des experts connus, ont toujours un bon résultat.

Les tableaux du prince Komnen se seraient mieux vendus sans une dépêche d'Allemagne qui prouvait qu'ils en venaient, et c'est ce qui a rendu l'expert et le commissaire forts contre le commissionnaire; mais l'absence du propriétaire ne devrait rien changer dans ces cas, la bonté des marchandises décidant seule des prix. On y a vu un Maratti partir pour 23 francs, un Benedetto Lutti pour 17 francs, un Teniers pour 28 francs, un Rombouts pour 14 francs, etc., etc. Et encore l'expert a-t-il chanté victoire à cette vente.

Un expert qui se charge des intérêts de la veuve et de l'orphelin ne doit pas songer à remplir son magasin, s'il en a un, mais à maintenir les prix : s'il a à gagner son pain, il n'a pas à en priver les autres

Le fait est qu'il n'y a pas quatre commissaires-priseurs à Paris qui aiment les objets d'art et qui en achètent.

Les ventes au commencement de la saison sont souvent meilleures qu'à la fin : c'est lorsque les marchands sont dépourvus de tableaux et veulent en acheter.

La vente Grammont n'a pas été brillante, parce qu'il y avait 8,000 tableaux, et un si grand nombre ne trouve pas facilement un bon placement. Deux, trois tableaux, se vendant avec des meubles, atteignent souvent des maximums, tandis que les milliers de tableaux ne rapportent guère de bénéfice.

Un de mes amis me dit que pour faire une bonne vente il faut d'abord faire une vente simulée, faire acheter par des complices à des prix élevés, retirer les tableaux et les renvoyer à la vente un an après, de sorte que, se rappelant les hauts prix qu'ils ont atteints, les acheteurs en donneraient de plus grands encore. Mais ce jeu, très-coûteux, serait fort dangereux; on apprend presque tout à Paris, et le *trik* connu ne ferait que compromettre la vente.

---

## LES IMITATEURS

A M. N. CH.

Vous dites que Vallin est un imitateur de Greuze, moins son talent. Il y a des choses inégales de lui ; mais il y en a de belles et d'indépendantes. Il en est de même d'Ach. Giroux, qui est l'imitateur de la nature plus que de Géricault, qui n'a pas fait que des chevaux, mais même des portraits.

Greuze a été contrefait par V... et une quantité d'autres maîtres, et ce n'est pas seulement sur de vieux panneaux qu'on fait des tableaux modernes, mais aussi sur de vielles toiles. Ceci n'est plus de la peinture, mais de la contrefaçon. Boucher a aussi été imité de la sorte. On ne saurait prévenir assez les amateurs contre ces abus du commerce. Les craquelures doivent les diriger dans ces cas ; ce sont des tableaux qu'on pourrait enlever en les grattant.

Quelquefois on fait passer Fra Salvator Fresco pour Ostade; mais les paysages du premier sont des paysages d'Italie, et non pas de Flandre. Ses effets de neige sont beaux et il excelle dans les figurines, mais il est beaucoup plus vieux qu'Ostade.

Si Dietrich est un pasticheur de talent, on donne quelquefois des Hoermans pour des Dietrich. Tous les deux tiennent de l'allemand et du flamand, et les tableaux du premier ne sont pas dépourvus de mérite; je ne crois pas que ceux du second aient jamais dépassé le prix de 5,000 francs. Ses imitations de Lancret sont les plus recherchées, mais celles de Hugtenbourg valent encore mieux que celles de Teniers ; on distingue les premières à la couleur jaune, que Dietrich affectionnait. Dans ses portraits à la Rembrandt, il y a des points rouges qui ne se trouvent pas dans le grand maître hollandais, pas plus que chez son élève Govart Flinck, qu'il n'est pas si aisé de distinguer de lui que Ferdinand Bol, qui teignait davantage ou que Van Eckhout, qui donnait dans le jaune.

Lés imitateurs de Salvator Rosa sont assez nombreux. Les tableaux du maître napolitain bravent le temps, paraissent restaurés quand ils ne lè sont pas, et restent purs de craquelures, grâce à un mastic qu'il employait dans ses couleurs. C'est une difficulté de plus pour distinguer les pastiches de ses originaux repeints.

La peinture, comme la science, se lie d'une manière étroite, et si les platoniciens étaient les précurseurs de Jésus-Chris, Raphaël est presque tout entier dans son maître le Pérugin ; Wohlgemuth n'est pas indigne de son élève Albert Dürer, et si Lucas de Leyde a de beaucoup surpassé son maître, Lemoine n'a été celui de Boucher que pendant trois mois. Gilot fait prévoir Watteau, qui prend Rubens pour modèle. Les imitateurs de la nature sont à leur tour imités par leurs élèves.

Messieurs les amateurs font souvent trotter sans pitié les artistes et leur font des offres qui ne suffiraient pas à payer les bottes usées ni les commissionnaires, encore moins les voitures. Ils ont le plus souvent des idées fausses sur le prix des tableaux, exagèrent la valeur des leurs et déprécient ceux des autres. Ainsi, deux Giroux se sont vendus le 4 septembre, en vente publique, 2,500 francs; et dire que les Teniers et les Pœlemburg sont plus chers quand ils sont petits que quand ils sont grands, c'est oublier que les tableaux flamands se paient tant par pouce. D. Teniers a fait des pastiches et des copies de Paul Rubens qui sont très-recherchées ; Pœlemburg a été le chef d'une école, et les imitateurs ne lui ont pas manqué. Ceux de Ph. Wouwermans commandent un haut prix. En général, la valeur mercantile d'un tableau n'est pas la même que sa valeur esthétique, et échappe souvent à l'appréciation non-seulement de l'amateur, mais aussi du marchand.

Néanmoins on ne saurait se garder assez des tableaux faux, qui, dans le commerce comme dans les collections, sont plus fréquents que les tableaux vrais. Aujourd'hui que la peinture française reprend de la faveur, on voit surnager de faux Boucher, de faux Greuze, de faux Chardin, augmentés ou diminués. Les Huet vont souvent être confondus avec Lancret, Pierre avec Boucher, etc., etc.

Le commerce des tableaux est un jeu qui énerve, et plus d'un marchand s'en retire pour cause de santé. Les illusions et désillusions les minent à petit feu et souvent à grande vitesse. Il faut du sang-froid et beaucoup d'empire sur soi-même pour faire de bonnes affaires. Les amateurs qui disent avec fierté : « Nous ne vendons pas nos tableaux », spéculent sur eux aussi bien que les autres et ne donnent pas la moitié de leur prix, ce qui fait que c'est une affaire TRÈS-CHANCEUSE.

---

## CONFUSION

A M. M. L.

Monsieur,

Vous êtes de la race d'Israël; je ne l'exècre pas, mais chaque fois que je me suis confié à elle, je m'en suis mal trouvé et j'ai eu à me repentir de ma confiance. Les chrétiens flouent mieux encore, c'est possible; mais les juifs n'ont pas la charité et l'humanité pour principe de leur religion.

J'ai devant moi la *Flagellation du Christ*, un beau gothique de quelque ancien maître allemand, qui provoque bien des idées, chaque fois qu'on le regarde. D'abord on y voit un coloriste plus fort que Wohlgemuth, les figures se détachent bien du panneau, et c'est là-dessus que je juge toujours la beauté d'une peinture ; le dessin est correct, les plis des draperies sont nombreux et fins, l'escalier du temple est rempli d'une foule dont les figures ne sont pas sans expression ; le juge, avec son bâton, est impassible dans l'exercice de ses fonctions ; les marbres, planchers, colonnes et degrés, sont bien faits ; les deux bourreaux ne sont pas plus hideux que des bourreaux peuvent l'être ; la douleur n'est pas peinte sur les traits du Sauveur, la force morale le soutient encore. Un bourreau le tient par les cheveux avec mépris, l'autre lève le fouet et est prêt à en frapper. Ce sont les juifs qui frappent le dieu des chrétiens, un révolutionnaire, un philosophe coupable d'avoir prêché l'amour du prochain !

Ne croyez pas que je fasse l'article ; les mêmes réflexions se présentent devant tout autre tableau du même genre. On a des coups pour vouloir le bien de ses semblables, et la fatalité qui pèse sur la race humaine ne lui permet pas de se relever de son abaissement.

Vous faites le commerce de l'esprit humain à tant la ligne, ou à 500 fr. le volume, ce qui ne permet pas à l'auteur de vivre pendant le temps qu'il met à faire son livre d'une manière consciencieuse; mais les tableaux, qui demandent aussi des frais, du travail et du talent, sont encore plus au rabais. Une certaine aigreur fébrile pénètre les rapports actuels et remplace la politesse qui signalait jadis les transactions. Le marchand ne répond plus aux lettres du pauvre artiste, et s'il lui donne un rendez-vous, il n'y vient pas; mais la personne qui arrive chez lui en voiture est sûre d'être reçue et reconduite avec force salutations. Le goût des arts est encore si peu répandu, qu'il est étonnant combien il y a peu de personnes qui s'entendent en tableaux. C'est aux hommes riches à protéger les arts et à faire des collections, soit par ostentation, soit par spéculation.

A défaut d'un dictionnaire de poche des peintres, dont je réclame la publication à hauts cris, le collectionneur français est obligé de s'en tenir au *Guide du Louvre*, où il n'y a qu'un seul A. Watteau, un tableau de genre qui ne donne pas une idée juste de la transparence et du feu de ses œuvres, ce qui fait qu'en présence d'un portrait de ce peintre, où le coloris est plus compact, l'expert l'attribue à Drouais ou à Chardin.

Watteau de Lille se vend mal, et pourtant il y a des tableaux de lui dignes de tout éloge. De Jussieu est un peintre qui mérite d'être plus connu qu'il ne l'est. Un vrai petit Boucher est une affaire de 1000 francs, et l'on trouve encore un Lantara pour la moitié de cette somme.

On confondrait ses effets de lune avec ceux de Van der Neer, quoiqu'il ait vécu cent ans avant lui.

Vous reconnaîtrez Géricault à l'anatomie de ses chevaux, et il y a des doctes qui confondent ses têtes avec les têtes de Prudhon ; ce sont les mêmes qui prennent les Amours de ce dernier pour des tableaux de Vallin.

Il paraît décidément qu'il y a deux Giroux : Achille et André. Le premier a peint des chevaux, et le second des paysages, dont il y en a un au musée du Luxembourg.

Terbourg et Netcher peuvent être confondus, parce que l'élève a presque égalé son maître. Eglon van der Neer ressemble à Albani plus qu'à Van der Viet, et Houbraken approche d'Adrien Van der Werff; mais les figures de ce dernier, comme l'a dit M. A. Houssaie, sont nourries de figues et de lait, tandis que le premier excelle dans les draperies.

Van der Gaalen approche de van Fallens plus que de Pierre Wouwermans. Charlet bat Décamps, dont les chevaux cèdent aussi à ceux de Géricault.

On m'a souvent dit : « Ne vous brouillez pas avec les Juifs, ils sont aussi puissants que les francs-maçons. » Faut-il donc dire qu'ils s'entendent en peinture, lorsqu'ils n'y voient goutte? La peinture est un art chrétien ; on a beau le rendre profane, son idée mère est religieuse, et la Madone avec l'Enfant n'a pas d'attrait pour l'israélite. Les natures mortes ne sont pas non plus précisément de son goût. Moïse faisant jaillir l'eau dans le désert ou passant la mer Rouge, la reine de Saba aux pieds de Salomon, les cheveux de Samson faisant des tours de force, l'histoire biblique en général, seraient plus de son goût. A propos du passage de la mer Rouge, laissez-moi vous narrer l'anecdote suivante.

Un marin anglais, de retour de Chine, racontait à sa vieille mère ce qu'il avait vu en voyage. Aux poissons ailés des mers du Sud, la mère se récria, et déclara ne vouloir jamais y croire. Piqué au vif, le jeune marin dit avoir vu le char de Pharaon s'engloutir dans la mer Rouge, et les Juifs la passer à sec « C'est différent, s'écria la vieille, ceci est dans la Bible, et j'y crois. »

---

# LES PAYSAGES

A M. A. H.

Mon cher ami,

De tous les bons tableaux, les plus rares ce sont les bons paysages. Paul Brill a introduit le paysage en Italie et y a travaillé avec son ami Annibal Caracchi, qui a fait les figures dans beaucoup de ses tableaux. Ses petits paysages valent mieux que les grands ; les marines ne lui ont pas toujours réussi, et les oiseaux dont il remplissait l'air, les lapins dont il remplissait les forêts, sont trop grands, trop nombreux ou pas assez beaux. Claude Gelée a une perfection qu'on admire jusqu'ici, surtout pour l'éclairage. Quant aux figures, il ne s'y entendait pas et les laissait aussi faire par d'autres que lui. L'école italienne a eu également des paysagistes très-bons : Zuccharelli est du nombre, et ses grands tableaux, à l'encontre de Paul Brill, valent mieux que les petits. Les Flamands ont porté cette branche de peinture à un haut degré de perfection. Ruisdael a été surnommé le poëte du paysage ; son élève Hobbema l'a surpassé, s'il est possible de le surpasser. Les frères Both, en reproduisant la beauté de la nature de l'Italie avec le fini du pinceau flamand, se sont fait une place à part dans l'admiration de la postérité. Jean Wynants a été le chef d'une école ; lui aussi ne savait pas peindre les personnages et s'est servi du pinceau de ses élèves : Ph. Wouwermans, Lingelbach, Adrien van der Velde. Des monticules de sable, un sentier dont on ne sait d'où il vient ni où il va, sont les signes distinctifs de ses paysages. Everdingen a fait des cascades, des marines, et a reproduit les paysages du Nord.

Waterloo a fait des forêts. Les deux Hackaert, Jean surtout, ont conquis une place remarquable dans ce genre. Rembrandt et Rubens s'y sont essayés aussi, mais n'y sont pas arrivés à la hauteur qu'ils ont atteinte dans les autres branches de l'art. Rombouts, le rival de Rubens, est peut-être plus fort en paysages qu'en histoire ; il n'est pas de la force de la plupart des paysagistes que nous venons de citer, ce qui prouve que les peintres d'histoire ne sont pas plus forts en paysages que les paysagistes. L'exemple de Rubens cédant la palme à Ruisdael le prouve aussi ; et quand un connaisseur vous dit, en montrant une plaine grasse dans un paysage de Ruisdael : « Cette plaine est de la force d'un peintre d'histoire », il prouve qu'il s'entend plus en couleurs qu'en coloris. On reconnaît Rombouts à la teinte brune de ses paysages, ce qui se retrouve dans Decker, cet imitateur de Ruisdael, comme Froom. Molinar est plus fort en paysages qu'en tableaux de genre. Breughel de Velours a fait des paysages qui sont aussi plus estimés que ses autres tableaux. Artois, Asselyn, occupent une place honorable parmi les paysagistes flamands. Zachtleven a fait surtout des vues du Rhin que je n'aime pas beaucoup pour ma petite part. Dans les peintres d'animaux, le paysage occupe une place subordonnée ; mais il y a des tableaux de Pierre Wouwermans où le paysage domine, de même que chez les deux Moucheron, Greffier, Dujardin.

Il y a des paysages d'hiver d'A. Ostade, et Van der Neer n'a pas fait que des clairs de lune.

Il y a eu trois Berghem : Pierre et son fils Nicolas, le plus célèbre; le troisième s'appelait Jean. Il y avait ensuite Bergen Thierry, élève d'Adrien Van der Velde. Sans avoir atteint ce dernier, ses tableaux se sont vendus jusqu'à mille livres. Begyn a aussi fait dans le genre de Berchem. Behm, élève d'Ab. Durer, peignait en 1550.

Les Allemands ne sont pas forts en paysages, et des vivants je ne veux dire ni du bien ni du mal : en vins, comme en tableaux, je préfère les vieux.

Il faut bien se garder des homonymes en peinture et savoir les distinguer. Ainsi il y a Bertucci et Bertucci. Faenza est un élève de Raphaël ; il a de la vigueur, de la grâce, de la vivacité et du charme. Son fils Jean-Baptiste a un dessin exact et des teintes agréables, une draperie fine. Louis Bertucci de Modène a donné dans le genre grotesque.

Puis il y a deux Bertuzzi, dont l'un copia Barocci et l'autre fut l'élève de Bigari. Il est fécond et spirituel.

Et pour ce qui est des copies, il y en a une de Palme le Vieux, par Baciarelli, qui vaut mieux que l'original.

---

# L'EXPERTISE DU LOUVRE

AU BARON DE N.

MONSIEUR LE BARON,

Le premier catalogue de M. V... était tout antinational : aussi a-t-il été retiré de la circulation et il ne s'en est pas placé plus de 800 exemplaires. Mais l'école française n'a pas repris plus de faveur auprès de MM. les directeurs du Musée, restés sous l'influence d'un Anglais qui a critiqué beaucoup trop tous les tableaux français. Quant aux prix, nous savons comment ils varient : à telle époque, un Murillo a pu coûter 10,000 fr., qui n'en coûte plus que la moitié, et *vice versa*.

Pour se rendre compte de la situation du Musée et de l'esprit qui le dirige, il faut remonter à 1848, au temps de la révolution. M. C... attendait son remplaçant ; M. G... se présenta au nom du gouvernement provisoire et le mit à la porte sans plus de façons et sans observer même les formalités nécessaires à la remise d'une propriété nationale. M. S..., qui avait une famille à entretenir, apparut alors, et se félicita du départ de M. C..., mais observa judicieusement qu'il fallait se mettre au courant de ce que contenaient les cartons, qui, du reste, avaient été arrangés de manière que la nouvelle direction ne s'y retrouvât pas. Comme il avait la clef du secret, on lui offrit d'être le secrétaire de M. G...; mais il voulut être conservateur. Conservateur de quoi? des antiques? Il fallait savoir le grec, et il ne le savait pas ; or, s'il se présentait un étranger qui demandât l'explication de quelque inscription grecque et qu'on ne sût pas la donner, l'embarras était extrême. Conservateur des peintures? Mais là encore il fallait des connaissances. On tomba d'accord pour nommer M. S... conservateur des calligraphies, branche dans laquelle on pouvait se passer d'érudition. M. V... vint à passer en ce moment, on l'appela et on lui offrit la conservation des peintures. M. L... R... confirma toutes ces nominations et l'on mit au concours le reste des places. M. H... fut nommé restaurateur. Quant à la place d'expert, elle resta vacante et l'est encore, M. de M... ne pouvant raisonnablement nommer M. M...

Le Louvre ne fait donc guère d'acquisitions. Il a des circulaires imprimées disant que son budget ne lui permet pas de faire des achats. Cependant tel Hemling acquis a été sujet à la critique, et tel Vélasquez a coûté plus cher qu'il n'a rapporté au propriétaire napolitain.

M. R..., lui, criait : « Chassez les marchands du Louvre, placez-y des hommes indépendants par leur fortune et qui aiment l'art pour l'art. » Ses vœux furent exaucés : comme il a 80,000 fr. de rente, il fut admis au sanctuaire ; mais comme il n'y a jamais de mal à doubler un chiffre, il vendit à la P. M. pour 80,000 fr. des dessins qui lui avaient coûté un zéro de moins. Ne faites pas comme nous faisons, mais faites comme nous disons.

Vous vous en rapportez complétement à M. R..., qui a la vue très-courte : il a beau dire, en voyant un petit espace d'un tableau : « C'est un tableau à bel effet », les augures ne le croient pas. Dernièrement on avait acheté un Giorgion à bel effet et on le montrait à qui voulait le voir. En entendant dire que ce n'était qu'une croûte, on l'a fait monter au troisième rang, si haut, que personne ne peut distinguer son mérite.

Ne croyez pas qu'il soit si facile de reconnaître le mérite d'un tableau. On vous dit : « Voici un

Géricault de 20,000 fr., le *Dernier banquet des Girondins*. Vous ouvrez de grands yeux et vous dites que c'est peut-être de son premier temps, qui est le moins estimé. Puis les défauts vous sautent aux yeux : les mains ne ressemblent pas à des mains, et il y a des figures qui n'ont pas face humaine. Vous découvrez enfin la signature du peintre cachée par un meuble. c'est celle d'un acteur, vous apprenez aussi que c'est une croûte qui a été payée 150 fr., et vous vous dites que le possesseur de ce chef-d'œuvre doit être un finaud en tableaux. Alors vous découvrez que ses Greuse sont au plus des Diaz, et que ses Teniers ne valent pas 1,000 fr. pièce. Règle générale : un tableau coûte tout ce qu'on peut en obtenir et tout ce qu'on veut y mettre. Je ne serais pas étonné si un Bellini se vendait une fois 60 francs et une autre fois 60,000 francs. L'émancipation des serfs russes, la guerre en Italie et en Amérique, la stagnation du commerce, expliqueraient le premier chiffre ; le mérite du maître du Titien motiverait l'autre. Dans les cent dernières années, le prix des tableaux a centuplé ; il a certainement atteint le maximum et ira en diminuant. Les tableaux modernes font une grande concurrence aux tableaux anciens, mais ils sont chers et il n'est pas dit qu'ils iront longtemps. G. Dow peignait pour des siècles ; mais H. Vernet fait trop à la hâte pour assurer une longue durée à ses tableaux. La faveur fait qu'un tableau qui a été payé à Leprince 80 fr. en vaut 1,200 aujourd'hui ; mais elle peut avoir un cours contraire, et tel peintre payé au poids de l'or pourra en peu de temps voir son nom oublié ou effacé des catalogues. *Sic crescit, sic transit gloria mundi.*

Dans le royaume des aveugles le borgne voit clair. Tel expert a confondu Rigaud avec Vélasquez ; tel autre a recommandé un Watteau qui n'en était pas un; un troisième a pris un De Heem pour un tableau moderne; un quatrième a pris un tableau restauré pour une copie. On tremble dans son fort intérieur de toutes les bévues que l'on a commises; mais, si l'on a l'œil juste et la main heureuse, on peut pêcher dans l'eau trouble, en choisissant surtout des tableaux qui donnent une idée juste du peintre, de préférence à ceux qui peuvent aussi bien être attribués à un autre. Rottenhammer a fait dans un genre d'Albane, et n'a pas fait dans l'autre; le genre clair ne donne pas une idée juste du genre sombre de l'Anacréon de la peinture. Elève de D. Calvart le Flamand, il a dans sa touche quelque chose de flamand. Il y a des tableaux d'Angello qui ont passé, dit-on, pour des tableaux de Raphaël. C'est à l'Albane que Poussin ressemble par son talent plus qu'à un autre Italien.

Voici ce que M. Horsin Déon, dans son admirable livre sur la restauration des tableaux, nous dit de la contrefaçon : « Dorcy est un habile pasticheur de Greuze, et cependant ses œuvres ne peuvent faire une illusion complète ; tandis que Albrier, imitant le même maître dans ses tableaux à tournure, est d'une vérité très-dangereuse.

Chaque année les ventes nous offrent plusieurs de ses tableux, surtout des paysages. Les amateurs y trouvent des Guaspre, des Ruisdael, qui mettent quelquefois en défaut le tact dont ils sont doués. Les artistes les plus habiles en ce genre sont MM. Moret, Grailly et Bourgeois. Leurs productions sont très-nombreuses , nous en avons rencontré de très-remarquables.

Plusieurs autres peintres ou restaurateurs emploient quelquefois leur talent à l'imitation des anciens maîtres. Ainsi nous avons vu de M. Pérignon père des imitations d'Ostade et de Ruisdael vraiment distinguées ; et M. Roëhn a enrichi des paysages de figures imitant Van der Velde d'une manière admirable ; de M. Rioult, des compositions dans la manière de Prudhon qui embarrasseront un jour les plus fins connaisseurs. J'ai vu aussi de M. Gondar des gothiques italiens très-bien imités ; de M. Schwiter, des Boucher reproduits avec bonheur ; etc., etc.

---

# L'ÉCOLE MODERNE FRANÇAISE

A M. LE DUC DE M.

Monsieur le Duc,

S'il n'y a pas d'école de peinture proprement dite en France, c'est parce qu'il y a une indépendance d'action et une liberté individuelle dans le grand nombre des peintres. Cependant les paysagistes, par exemple, ont un cachet commun, attendu que la nature qu'ils prennent pour maître se ressemble aux environs de Paris. Mais les artistes qui sont allés en Grèce ou en Perse en ont rapporté des vues particulières.

Entre Ingres et Delacroix, les avis sont partagés quant à la supériorité de leur talent, et s'il y a des idéalistes, il y a aussi des réalistes.

M. Ed. About, dans son *Voyage à travers l'exposition de Londres*, émet l'opinion que la nature qui entoure les peintres, le climat, du moins, devrait avoir une influence contraire sur les arts, qui devraient surtout briller dans les pays dépourvus de soleil. Cela est plus vrai pour la poésie que pour la peinture. La prosaïque Angleterre a produit Shakspeare, Byron et tant d'autres poëtes; mais la Grèce a eu des Homère et des Pindare, l'Italie Dante et Pétrarque. Pour se complaire dans les contrastes, pour chanter là où l'on aurait envie de pleurer, il faut sans doute avoir un plus grand fonds de poésie que pour le faire là où la nature nous y invite elle-même.

Notre auteur remarque que les Grecs dessinaient bien, mais ne savaient pas peindre. La peinture a fait, comme on sait, de plus grands progrès dans les temps modernes que la sculpture. Le soleil de Venise a, il est vrai, produit le coloris vénitien, qui est le plus beau de tous; mais les canaux de la Hollande ne nous ont dotés que de la monotonie des paysages flamands. C'est dans l'application des peintres flamands qui sont allés chercher leurs inspirations en Italie que gît le secret de la perfection de la peinture flamande. Les brouillards de la Tamise ne produisent pas un coloris particulier d'une rare beauté; et si les frimas de la Russie ne sont pas un empêchement au développement de la peinture dans ce pays, le manque de liberté en est certainement un. « Les esclaves n'ont pas d'inspiration », et le pot au feu aura longtemps encore pour le commun des Russes plus d'attrait que l'Apollon du Belvédère. Le Titien a peint à Madrid comme à Augsbourg; mais il a eu deux manières, et le secret de la plus belle était dans son génie, et non pas dans les lagunes de Venise.

A. Cuyp est appelé le Claude Lorrain flamand, et le soleil qui a éclairé les paysages de ce dernier n'était pas un soleil brumeux. Les Napolitains ne sont pas sombres grâce au soleil, mais grâce à Ribera, qui l'était plus que Salvator Rosa, et Murillo est bien transparent pour Séville.

M. Doré dessine mieux que M. Décamps, Diaz fait mieux de petits tableaux que des grands; mais si l'on est terne sous le soleil de la France, MM. Ricard et Roudokwski ne le sont pas.

Si l'on risque de boire des bouillons, comme on dit vulgairement, en collectionnant des Courbet, on ne court pas le même danger avec MM. Jongkind, Troyon ou Ph. Rousseau. Quant à Rosa Bonheur, tout le monde ne peut pas prétendre au bonheur d'avoir de ses tableaux. M. Meissonnier brille par le dessin, et non pas par le coloris; mais son talent ne s'est pas éclipsé au premier rang, et en augmentant ses toiles, il a conservé sa correction microscopique.

Les deux Frère, sans être frères, ne sont pas d'un talent égal. Ivon, pour valoir mieux que Laemelin, ne vaut pas à mon avis Raffet, qui, comme on sait, avait accompagné le comte Demidoff en Crimée. Henri Schæffer ne vaut pas Ary Schæffer. M. Isabey se ressemble plus qu'un autre dans ses tableaux, mais ses marines ne ressemblent pas à celles de Joseph Vernet ou de Lacroix.

Dans une ville comme Paris, où le commerce des tableaux a une si grande importance, où il y a jusqu'à trois ventes par jour, il faut des experts pour la garantie de l'opinion publique, mais des experts qui soient bons. Il est vrai qu'on en prend deux lorsqu'un seul paraît insuffisant; mais si l'un n'est pas fort en Espagnols et l'autre en Italiens, c'est comme s'il n'y en avait qu'un seul. Je n'attaque pas les connaissances de ces messieurs, car en un sujet aussi vaste, il doit y avoir des lacunes dans le savoir de tout le monde Je ne mets pas en doute leur bonne foi non plus. Ce que je leur reproche, c'est de ne pas se méfier assez d'eux-mêmes, de ne pas dire avec Socrate : « Je sais que je ne sais rien. » Tel peintre artiste n'a pas de mémoire pour les noms ; tel autre n'a pas le coup d'œil juste, mais il se croit infaillible comme le pape, et tranche toutes les questions avec cette outrecuidance gallique que déjà Jules César reprochait aux Gaulois. Plus on amasse de l'expérience, plus on va à tâtons, et moins on montre d'entêtement. Il ne suffit pas de dire : « C'est une croûte », pour que cela en soit réellement une. Il ne suffit pas de connaître deux cents peintres, lorsqu'il y en a vingt mille. Tel détail vous échappe qui peut à lui seul résoudre une question en litige. Un amateur, en voyant

Adrien Van der Verff, ou un Eglon Van der Neer, dit : « Il y a là de l'Albani », et l'expert de lui rire au nez, parce qu'il ne connaît qu'un genre d'Albani. Le moins savant peut vous mettre quelquefois sur la voie, et là où les lumières d'un seul ne suffisent pas, il faut en appeler plusieurs à son aide. Le monopole de l'expertise, dans une ville comme Paris, serait tentant, mais il est impossible de l'obtenir. Lés inspecteurs de la galerie nationale à Londres ont acheté des Fra Bartholomeo équivoques, et ont payé des Paul Véronèse trop cher; mais M. Schmidt le père est d'une force comme il y en a peu, quoiqu'il y ait telle anecdote sur son compte qui prouverait le contraire; mais le mot d'anecdote devient de plus en plus synonyme de celui de fable.

C'est surtout dans les Italiens que les lumières des experts sont en défaut. Balestra, Calandrucci et Bambini sont des élèves de Maratti, le dernier des Romains ; mais Berretoni de Cortone a fait des chefs-d'œuvre qu'on trouve dans les meilleurs musées d'Europe. Cantarini a fait dans le genre de Guide. Carrucci fut le rival d'André del Sarto. Cignani fut l'élève d'Albane ; il l'imita et l'agrandit, et ses tableaux ont atteint de grands prix.

Les tableaux modernes sont d'une vente plus aisée, parce que leur appréciation est plus facile.

M. Corot est le poëte du paysage ; il ne copie pas la nature, il la poétise et ne se répète jamais. M. Jeanron est dramatique, et M. Français est gai comme le nom qu'il porte.

On est trop sévère sans doute en disant que les modernes n'approchent pas des anciens. M. Eugène Lavieille aurait pu apprendre de Breughel le Vieux à faire les corbeaux plus gros dans ses *Effets d'hiver*, car ils paraissent énormes au milieu des arbres dépourvus de feuilles.

M. Delacroix ne brille pas par le dessin; il brille par la composition, par le génie et par la fécondité.

M. Gérome dessine bien. M. Hamon a de la grâce. M. Glaize n'est pas toujours exact dans ses conceptions historiques, mais il est élégant. M. Gendron est gracieux, et M. Chenevard est savant.

De tous les tableaux du Luxembourg, celui qui me plaît le plus est le petit tableau de M. Beaune : *les deux filles qui font l'aumône au sortir de l'église*, et qui a été popularisé par nombre de gravures. Celui qui me déplaît le plus est le tableau de M. Ingres : *M. Molé protégé par la Muse.* Je ne sais pour quelle raison il est gercé, ni pourquoi la Muse protége M. Molé, mais Muse et premier ministre de Louis-Philippe ne font ensemble qu'une croûte. Les cheveux de M. le comte ont bien plutôt l'air d'être sculptés que peints; ses traits sont durs, son habit ne serait approuvé par aucun tailleur; le tableau manque d'espace. La Jeanne-d'Arc a le visage trop pâle et la robe trop bigarrée.

Les pages de M. Robert Fleury sont grandes, mais ne sont pas merveilleuses.

M. Delacroix vise au Rubens français; son imagination est plus méridionale, son coloris plus chaud, mais le tout est moins plastique. Je le crois plus fort que Delaroche, qui peut être plus fin dans quelques-unes de ses compositions.

Dans tout ce Musée il n'y a pas un seul coloriste comme Watteau; le jaune comme le rouge des vêtements pourraient être reteints. Il y a un tableau qui date de 1853, *le Couronnement d'épines;* le bourreau a l'air d'un Français dans l'exercice d'une fonction plus que dans l'exécution d'une haute œuvre. Les Indiens de M. Hess n'ont pas l'air d'Indiens. Le tableau de M. Horace Vernet, *la Barrière Clichy*, a beaucoup souffert, et n'est pas le seul qui ait besoin de restauration.

Les paysages sont beaux. M. P. Huet mérite une mention honorable, mais Ph. Rousseau a depuis fait mieux que les deux tableaux qui y sont exposés. Le paysage de Léon Coignet bat, à mon avis, celui de son élève, Mlle Rosa Bonheur, juste en face; le ciel en est trop bleu, l'herbe trop verte. On devrait bien lui demander autre chose pour donner une idée plus exacte de son talent aux visiteurs, qui sont invités à ne pas monter plus haut, dans un anglais de cuisine :

*The persons visiting those galeries will see nothing by mounting the other stairs.*

Il aurait été plus simple de dire :

*Nothing to see up stairs.*

Pour en revenir aux prix des tableaux, vous trouvez dans le Catalogue du Louvre que Louis-Philippe a acheté, en 1836, deux Lancret à

200 francs chacun, qui sans doute vaudraient aujourd'hui 2,000 francs pièce. Quatre tableaux de Lebrun ont été payés 16,000 francs, ce qui les met à 4,000 francs pièce. La veuve de Drouais a eu 1,000 francs de pension viagère pour un portrait par son mari qu'elle a cédé au Louvre.

A la vente de Mosselman, le *Four à plâtre* de Géricault a été payé, en 1849, 1,350 francs; le *Cheval turc dans une écurie*, 750 francs; le *Carabinier* a été acquis de M. Stevens pour 1,500 francs; l'*Officier des chasseurs de la garde* a été acheté en 1851 à la vente du roi Louis-Philippe pour 25,000 francs.

Le portrait du naturaliste Bruun-Neergaard, par Prudhon, a été payé 1,000 francs. Une des dernières œuvres de P. Mignard a été le portrait de Mme de Maintenon, mais il a été donné au Louvre. Les *Quatre parties du jour* ont été payées par le Dauphin à Joseph Vernet 4,800 livres.

Les Paul Bril ont plus souvent dépassé 1,000 francs qu'ils ne les ont pas atteints aux ventes successives. Deux Chardin se sont vendus une fois pour 43 francs.

Le portrait d'Altdorfer s'est vendu, à la vente du prince Komnen, 433 francs. Celui d'Albert Dürer a coûté plus de 40,000 francs à la galerie de Munich.

---

## TRAVAIL ET MENÉES

A M. A. G.

MONSIEUR,

Si Lebrun a eu 16,000 francs pour quatre tableaux, c'était de son vivant; il les tenait de la magnificence du Roi : aujourd'hui ses tableaux valent 300 à 500 francs. Il en est de même des peintres vivants payés au poids de l'or, et dont les œuvres posthumes seront payées leur valeur intrinsèque.

J'ai vu au Luxembourg une tête de R. Fleury qui suinte la pommade, et comme je demandais pourquoi on ne la restaurait pas, il me fut répondu que le restaurateur ne se souciait pas de gagner 6 à 7 francs par jour, tandis qu'il en gagnait le double chez lui à débiter des opinions sur les tableaux. Tout le monde tourne à la spéculation. B.... s'occupe de politique, et non pas des arts, et a fait acheter des croûtes au poids de l'or.

On accapare les gothiques dans l'espoir qu'ils se vendront mieux qu'ils ne se vendent ; mais les accapareurs se trompent souvent dans leurs calculs. Si pour eux deux et deux font quatre, cinquante fois vingt pour eux ne font pas deux mille, ni même six cents, mais bien ce que voudra le juif, qui a son arithmétique à lui. Remarquons que quiconque fait du tort à autrui s'en fait davantage à lui-même : ainsi le veut la justice suprême, qui ne laisse pas sans peine les mauvaises pensées et sans récompense les bonnes. Le crétinisme envahissant de plus en plus le monde, c'est à Jérusalem qu'on envoie les tableaux sacrés ; ce sont les *schismatiques*, les Grecs, qui achètent les ermites, les descentes de croix, faits par des peintres latins. Boucher l'emporte ici sur Raphaël. Je ne sais si Roger de Bruges l'emporte sur Hemling. Vous auriez un Van Eyck, qu'on vous le déclarerait une croûte, afin de l'acheter bon marché à l'enchère, et d'ajouter 11 francs à *la révision :* car sachez bien que les marchands de tableaux, comme les marchands de meubles, ont leur révision après coup. Ils ne renchérissent pas les uns sur les autres, afin de se faire profiter mutuellement des bonnes prises ; les amateurs, les propriétaires et les héritiers aussi souffrent de ces fraudes qui vont heureusement en diminuant. Je n'ai pas encore lu les *Petits Mystères des ventes*, mais je vous recommande de le faire; on dit que c'est curieux.

Pauvre oiseau ! vous aurez collectionné pendant vingt ans ou hérité de père en fils de chefs-d'œuvre. Les marchands ne venant pas à vous, vous allez au-devant des marchands, vous livrez vos tableaux à une vente, et dès ce jour vous pouvez leur dire adieu. Vos chefs-d'œuvre passeront pour des croûtes. L'expert, ne voulant pas se déranger pour rien, voulant gagner six cents francs et plus, n'en ayant pas l'assurance mathématique, parlera de fiasco là où il y a les matériaux d'une bonne affaire. S'il ne vient pas d'amateurs, les marchands, ligués entre eux, emporteront les tableaux pour des misères. L'expert aura tenu parole, et vous aurez été plumé. Pour déjouer ces micmacs, il y a la publicité, le grand jour, le soutien des amis. Les tableaux de lord Seymour se sont vendus cher, grâce à la protection des amis puissants. Ceux de lord Pembrocke se sont bien vendus, grâce à leur valeur intrinsèque ; mais, malgré son nom, ils n'ont pas rapporté ce qu'ils ont coûté.

Et ne croyez pas qu'il en soit ainsi en France seulement. L'Allemagne, si vantée pour sa probité (das biedere Deutchland), est un pays pauvre, un pays de *gros* et de *cruches*, où l'on dévalise les étrangers, et il n'y a pas de petite ville où, le jour des ventes publiques, les marchands ne soient ligués pour *réviser ;* les vendeurs *poussent* de leur mieux et gardent ce qu'ils poussent trop loin.

Après tout, les ânes sont plus dangereux que les gens méchants, Goethe l'a dit : « Les dieux même combattent en vain contre la bêtise. » Or, les ânes ne savent pas le prix des tableaux, et vendent un Patel 40 francs. C'est dans l'eau trouble qu'on pêche, et l'on trouble l'eau en déclarant de l'école de Guido Reni ou de Holbein le jeune des tableaux qui peuvent être du maître. Albani était l'élève de l'un, et Asper celui de l'autre, mais nous ne poussons pas le savoir jusqu'à distinguer de tels détails !



FIN.

# COLLECTION

**rue Cardinal-Lemoine**

---

ALBANE. La toilette de Vénus (première manière).

SALVATOR ROSA. Paysages. Pendants.

CORRÈGE (Attribué à). La Vierge en prière.

SASSOFERRATO. Même sujet.

PAUL VÉRONÈSE (ÉCOLE DE). La fille qui lit un rôle à un chien.

PAUL BRILL. Marine, figures par Ann. Carracchi Etiopica, roman-grec.

PŒLEMBOURG. Satyres dansants.

HENRI ROSE. Paysage et animaux.

PH. WOUWERMANS. Paysage.

HONECROETER. Oiseaux, signé.

LE TINTORET. Portrait d'Antony Pirl, doge de Venise.

BREUGHEL. Le paysan Keremees.

BREUGHEL LE VIEUX. Paysage d'hiver.

NOEL COYPEL. Vénus et l'Amour.

LANCRET. Le pêcheur.

BOUCHER Léda.

DENNER. Deux portraits.

CHARPENTIER. Sujet.

FRAGONARD. Esquisse.

HACKAERT. Paysage.

HOBBEMA. Dito.

MOLINAR. Dito.

Dito. Buveurs.

SANTERRE. Trois Parques.

5253 — Paris, imprimerie Jouaust père et fils, rue Saint-Honoré, 338.

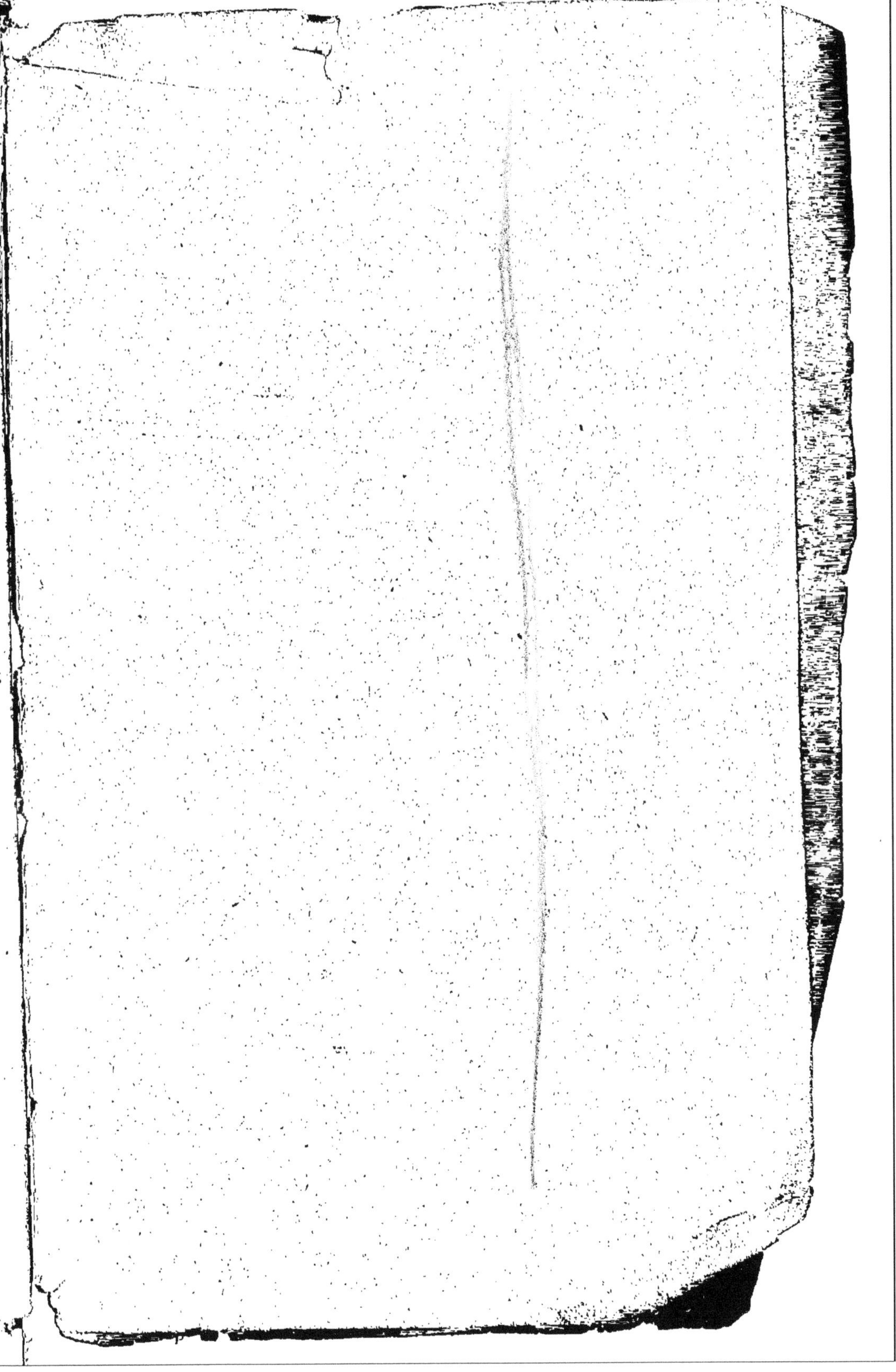

## OUVRAGES DU MÊME AUTEUR

La Russie sous Nicolas Ier.

Histoire de Pierre Ier.

Histoire d'Alexandre Ier.

La Russie depuis Alexandre II, 2 vol.

Types et caractères russes, 2 vol.

Mémoires d'un [illegible] russe.

[illegible] révolutionnaire.

[illegible] de l'[illegible] politique.

[illegible] politique.

[illegible] Gravures, [illegible]

[illegible] of Russia and Travels.

[illegible] and Times, or American Impressions.

[illegible] (en russe).

[illegible] (en russe).

[illegible] Leipzig.

[illegible] (en russe).

[illegible] Photographie [illegible] Ier

[illegible]

[illegible] rue Saint-Honoré, 83[illegible]

www.ingramcontent.com/pod-product-compliance
Ingram Content Group UK Ltd.
Pitfield, Milton Keynes, MK11 3LW, UK
UKHW022113260726
13993UKWH00001B/499